FACULTÉ DE DROIT DE GRENOBLE

THÈSE

POUR LE

LE DOCTORAT

SOUTENUE

DEVANT LA FACULTÉ DE DROIT DE GRENOBLE

LE 7 MARS 1872

PAR

Ernest RICHARD

LYON
IMPRIMERIE DE P. MOUGIN-RUSAND

3, Rue Stella, 3

—

1872

FACULTÉ DE DROIT DE GRENOBLE

THÈSE

POUR

LE DOCTORAT

SOUTENUE

DEVANT LA FACULTÉ DE DROIT DE GRENOBLE

LE 7 MARS 1872

PAR

Ernest RICHARD

LYON

IMPRIMERIE DE P. MOUGIN-RUSAND
3, Rue Stella, 3

—

1872

43474

FACULTÉ DE DROIT DE GRENOBLE

MM. PÉRIER, doyen, professeur de Droit romain.

BURDET ✻, doyen honoraire.

GUEYMARD, professeur de Droit commercial.

CAILLEMER,   —   de Droit civil.

TROUILLER,   —   de Droit civil.

LAMACHE ✻,   —   de Droit administratif.

NORMAND, agrégé, chargé du cours de Procédure civile et de Législation criminelle.

VIGIÉ, agrégé, chargé d'un cours de Droit civil.

GAUTIER, agrégé, chargé d'un cours de Droit romain.

FISSONT, secrétaire.

Suffragants :
- MM. LAMACHE, président.
- PÉRIER, doyen.
- CAILLEMER, }
- TROUILLER, } Professeurs.
- VIGIÉ, agrégé.

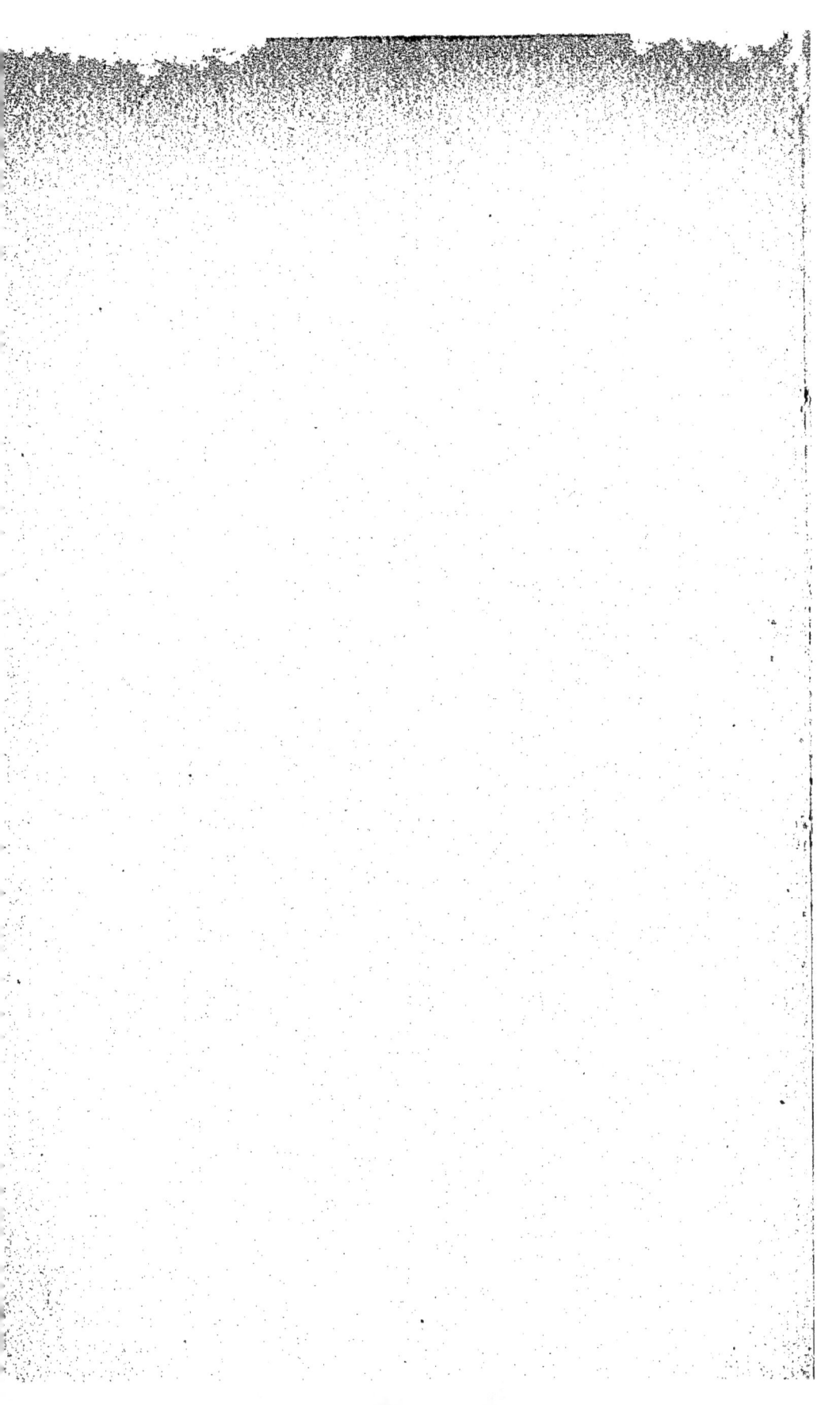

DE
L'OBLIGATION NATURELLE

EN DROIT ROMAIN

ET

EN DROIT FRANÇAIS

Raison d'être de l'obligation naturelle

Les juristes distinguent trois sortes d'obligations : l'obligation morale, l'obligation civile et l'obligation naturelle.

La première est du domaine philosophique. La satisfaction intérieure pour celui qui accomplit sa loi et le remords pour celui qui la viole, telle est sa sanction en ce monde.

Les deux autres sont du domaine juridique. Le législateur humain a édicté des moyens de sanctionner, de faire exécuter l'obligation, soit civile, soit naturelle.

Toutefois, l'accomplissement de l'obligation civile est garanti par des voies directes, tandis que l'acquittement de l'obligation naturelle ne peut être obtenu qu'indirectement. L'obligé civilement peut être poursuivi, traduit devant le magistrat, contraint d'exécuter son engagement ; l'obligé naturellement est à l'abri de ces poursuites, à l'abri de cette contrainte. Et c'est précisément une différence essentielle entre ces deux sortes d'obligations, que l'une est munie d'une action et non l'autre.

Toutes deux, d'ailleurs, font partie de l'obligation morale, dont la conception s'étend à toutes sortes d'obligations. Ainsi toute obligation civile ou naturelle est une obligation morale. Au contraire, bon nombre de devoirs imposés par la conscience ne sont pas prévus par le législateur humain.

La première en étendue, l'obligation de conscience, est encore la première dans l'ordre chronologique. L'obligation civile, en effet, suppose nécessairement une agrégation d'hommes dont les intérêts distincts ont besoin d'être coordonnés; elle suppose un état social.

Tant que l'homme vit seul, il ne relève que de sa conscience. Tant qu'il vit en famille, le législateur n'a pas besoin d'intervenir; ou du moins le législateur c'est le père de famille, qui a une autorité souveraine; la loi, c'est sa volonté conforme à sa conscience. Dans cette mesure, le père de famille est l'arbitre de ses actes et de l'éducation qu'il donne aux siens.

Jusque là n'apparaît pas l'obligation civile. Mais lorsque, avec le temps, la famille prend une large extension, lorsque le père de famille meurt laissant plusieurs souches avec plusieurs chefs vivant les uns à côté des autres; lorsque les intérêts de chacun viennent à se rencontrer, à se heurter, alors on sent le besoin de régler des conflits nés ou à naître, de sanctionner l'obligation morale que la conscience de l'homme déchu est insuffisante à faire respecter, d'édicter des règles qui aient leur sanction matérielle et immédiate.

C'est de l'ensemble de ces règles, c'est de leur sanction et de leur application que naît l'obligation civile.

Il semble que là doit se borner l'intervention de la loi

civile et que, sous ce rapport, les devoirs de l'homme se ré-
duisent à ce seul terme : *obligations civiles.*

Si tous les hommes avaient le même degré de capacité, on
comprendrait qu'il en fût ainsi. Mais on rencontre à cet égard
de notables différences entre divers individus, et chez le
même individu d'une époque à une autre époque.

Le développement de l'intelligence suit en effet le développement du corps ; et il serait injuste d'exiger d'un enfant
l'exécution d'une obligation qu'il a contractée sans en comprendre toute la portée. Aussi les différentes législations lui
interdisent-elles de contracter par lui-même. Toutefois, il
conserve les avantages qui résultent de la capacité de contracter ; cette capacité est transférée à une autre personne
qui l'exerce pour lui ou de concert avec lui.

Mais s'il est injuste de se prévaloir contre un enfant d'un
acte dont il n'a pas saisi l'importance, il ne serait pas moins
contraire à toute justice de l'autoriser à se retrancher der-
rière la protection de la loi pour tromper, en connaissance de
cause, les personnes trop confiantes, et s'enrichir à leurs
dépens.

Ainsi, pour les mineurs, l'obligation civile serait trop rigoureuse, et l'obligation morale, qu'on violerait impunément au
point de vue de la justice humaine, serait inefficace. Il fallait
imaginer quelque moyen terme qui, sans autoriser des poursuites contre l'obligé mineur, fournît certaines garanties,
certaines voies indirectes d'exécution. C'est ce qu'on a fait,
et ce moyen terme, c'est l'*obligation naturelle.*

Caractères de l'obligation naturelle

Certains auteurs ont confondu le devoir moral et l'obligation naturelle. Cette confusion résulte de la double ressemblance qui existe entre l'un et l'autre.

D'une part, en effet, les personnes qui sont tenues, soit moralement, soit naturellement, ne peuvent être directement contraintes de s'acquitter; le créancier ne peut intenter aucune action contre de tels débiteurs. Et si, d'autre part, un débiteur acquitte, soit une dette morale, soit une dette naturelle, il ne pourra pas répéter ce qu'il a payé.

En d'autres termes, *exclusion de l'action* pour le créancier, *exclusion de la répétition* pour le débiteur libéré, telles sont les deux ressemblances qui relient entre elles l'obligation morale et l'obligation naturelle. Mais, de là à une similitude complète, il y a loin; et, s'il existe entre elles des ressemblances, nous allons voir qu'elles diffèrent l'une de l'autre sous nombre de rapports.

L'obligation morale est complétement ·indéterminée quant à son objet; on ne peut en fixer le *quantum*. En prenant pour exemple le devoir de charité, le pauvre ne peut pas dire au riche : « Vous me devez tant. » Rien n'est plus large, en effet, que le devoir de faire l'aumône, rien n'est laissé davantage à l'appréciation de chacun. La diversité des fortunes, les revers accidentels, mille autres circonstances en modifient l'étendue. Si l'on donne beaucoup, sera-t-on quitte envers le pauvre? si l'on donne peu, aura-t-on le devoir de donner encore ? Nul ne peut le dire, pas même celui qui a donné peu ou beaucoup.

Indéterminé quant à l'objet, le devoir moral ne l'est pas moins quant au sujet, soit actif, soit passif. Ainsi, pour garder le même exemple, ce n'est pas tel riche qui doit à tel pauvre, ce sont tous les riches qui doivent aux pauvres pris en masse. L'un de ceux-ci ne pourrait pas venir dire à l'un de ceux-là : « Donnez-moi, parce que vous me devez; » ce dernier lui répondrait : « Ce n'est pas moi seul qui vous dois et je ne dois pas à vous seul. »

Toute dette naturelle, au contraire, se trouve parfaitement déterminée, et quant à l'objet, et quant au sujet : Pierre doit 100 francs à Paul, rien de plus, rien de moins ; c'est Pierre qui est débiteur, ce n'est pas Jacques ; c'est Paul qui est créancier, ce n'est pas Jean.

Cette différence dans la nature même des deux dettes en amène nécessairement une autre : — la dette morale étant indéterminée, celui qui s'en acquitte fait une véritable libéralité ; la dette naturelle étant parfaitement fixe et limitée, celui qui s'en libère effectue un paiement.

Autre différence non moins essentielle que la première : — l'obligation naturelle ne peut naître que d'un contrat ou d'un quasi-contrat.

Si toutes les conditions requises pour la capacité de contracter ou d'agir sont réunies sur la tête de celui qui contracte ou qui agit, l'obligation est civile. Si l'une de ces conditions fait défaut, on a une obligation simplement naturelle. Mais encore faut-il, pour que l'obligation même naturelle puisse prendre naissance, qu'il y ait accord de volonté sur un même objet et que cet objet soit déterminé quant à son *quantum*, s'il s'agit d'un contrat ; ou bien qu'il y ait une volonté consciente de la part de l'agent, s'il s'agit d'un quasi-contrat.

Le devoir moral, au contraire, prend naissance indépendamment de tout contrat ou quasi-contrat ; il résulte des nombreux rapports qui existent entre les hommes.

Assurément une personne peut être tenue moralement à la suite d'un contrat ou d'un quasi-contrat. Tel est le cas d'un débiteur civil qui a prescrit sa dette. Dès-lors, il n'est plus obligé civilement ni même naturellement ; il reste seulement tenu en conscience.

Mais, remarquons-le bien vite, ce n'est pas en vertu du contrat ou du quasi-contrat qu'il reste ainsi obligé, puisque la prescription suppose éteinte l'obligation née du contrat ou du quasi-contrat ; c'est malgré cette extinction que le devoir moral subsiste.

Telles sont les différences notables qui nous autorisent à distinguer l'obligation morale de l'obligation naturelle et qui constituent les principaux caractères de l'une et de l'autre.

Nous verrons plus loin que tous les effets de l'obligation naturelle, effets qui la rapprochent de l'obligation civile, sont autant de nouvelles dissemblances avec le devoir de conscience. Ainsi l'obligation naturelle peut être ratifiée, elle donne naissance au droit de rétention, sert de base à la novation, au cautionnement, à la constitution d'un gage ou d'une hypothèque ; tandis que l'obligation de conscience ne reçoit aucune de ces garanties civiles.

Malgré toutes ces différences, des auteurs remarquables par leur talent et leur érudition semblent confondre l'obligation morale et l'obligation naturelle. C'est pourquoi, sans doute, ils n'accordent pas à celle-ci, d'une façon constante au moins, tous les effets que nous venons d'énumérer, et dont nous nous proposons d'établir l'existence simultanée et la stabilité dans tous les cas d'obligation naturelle.

DIVISIONS

Toute législation complète a reconnu et sanctionné l'obligation naturelle.

Nous nous bornerons à l'étudier dans ses applications à Rome d'abord, où elle avait une grande extension, puis en France, où, d'une importance moindre, elle offre pourtant encore une assez grande utilité pratique.

Cette étude pourrait être faite d'un seul jet, sans passer successivement du droit romain au droit français, si la similitude entre l'une et l'autre législation était complète sur ce point. Mais des divergences assez nombreuses nous forcent à scinder notre travail en deux parties.

Dans la première partie, nous définirons l'obligation naturelle, nous en ferons connaître les effets, les causes d'extinction et les cas d'application en droit romain. Dans la seconde, nous envisagerons l'obligation naturelle sous ces mêmes rapports en droit français, et nous signalerons les différences apportées par notre législation à l'ancien droit.

PREMIÈRE PARTIE

DROIT ROMAIN

CHAPITRE I

CE QU'IL FAUT ENTENDRE PAR OBLIGATION NATURELLE

Il faut se garder de confondre l'obligation naturelle avec l'obligation civile qui dérive du droit des gens et qui, pour ce motif, est appelée naturelle.

A Rome, où la société fortement constituée devait en partie sa puissance à ses lois si jalouses du droit de cité, la législation comprenait des dispositions de droit des gens et des dispositions de droit purement civil. De là cette habitude contractée par les jurisconsultes romains d'appeler civiles les obligations exclusivement attachées au titre de citoyen, et naturelles les obligations applicables aux étrangers comme aux citoyens.

C'est ainsi que Paul qualifie de *naturalis* l'obligation née du *mutuum*, par opposition à celle qui dérive de la *sponsio*. C'est ainsi encore que celui qui est sous le coup de la *condictio indebiti* est dit obligé naturellement. De même, enfin, certains jurisconsultes appellent naturelle l'obligation dont se trouve tenu le pupille qui, ayant contracté sans l'*auctoritas tutoris* est obligé *quatenùs locupletior factus est*.

Dans tous ces cas, les personnes obligées sont soumises à une action. Elles sont de véritables débiteurs dans le sens parfait du mot, et non pas *minùs propriè, per abusionem debitores*, comme dit Julien en parlant de ceux qui sont tenus d'une obligation naturelle proprement dite.

Effectivement celui qui est obligé naturellement n'est pas, au point de vue du droit positif, absolument débiteur, puisqu'il ne peut pas être poursuivi par la voie directe dont dispose tout créancier civil.

La possibilité d'agir contre le débiteur est le caractère exclusif de l'obligation civile, qu'elle découle ou non du droit des gens. Dans tous les cas où le créancier a une action contre son débiteur principal et primitif, l'obligation de ce dernier est civile; dans tous les cas où il n'a pas d'action, l'obligation n'est nullement civile.

On peut donc définir l'obligation naturelle, « celle qui n'a pas d'action. » Mais cette définition est insuffisante; car si elle permet de distinguer l'obligation civile de l'obligation naturelle, elle n'empêche pas de confondre celle-ci avec le devoir moral.

Nous avons déjà vu que c'est là un effet commun à l'obligation naturelle et à l'obligation de conscience : l'impossibilité d'actionner en paiement. Inversement, l'obligation naturelle, ainsi que nous le verrons en détail, produit tous les effets de l'obligation civile moins l'action. Et ce sont là tout autant de différences qui la distinguent du devoir moral. Nous devons donc faire entrer dans notre définition un terme qui signale cette série de différences.

Enfin, comme il ne suffit pas de procéder par exclusion pour donner une bonne définition, il importe de faire en outre figurer dans la nôtre ce qui constitue la nature de l'obligation naturelle.

Avec de telles données, nous pouvons dire que « l'obligation naturelle est une obligation civile imparfaite qui produit tous les effets de l'obligation civile parfaite, moins l'action. »

C'est une obligation *civile*, puisqu'elle est sanctionnée par le droit civil, puisqu'elle produit des effets civils.

C'est une obligation civile *imparfaite*, puisqu'elle ne produit pas d'action, le plus efficace de tous les effets d'une obligation civile.

Cette définition n'est pas encore d'une rigoureuse exactitude. Mais il importe de procéder à une étude plus détaillée, afin de comprendre le sens et la portée du dernier terme que nous devons ajouter à notre définition pour la rendre complète.

Tel est le sens juridique des mots : *obligations naturelles*. Des jurisconsultes romains les entendaient ainsi. Et Julien n'a pas voulu dire autre chose dans cette phrase, dont l'interprétation a divisé pourtant bien des auteurs :

« *Naturales obligationes non eo solo æstimantur si* « *actio aliqua earum nomine competit; verùm etiam cum* « *soluta pecunia repeti non potest. Nam licet minùs* « *propriè debere dicantur naturales debitores, per abu-* « *sionem intelligi possunt debitores, et qui ab his pecu-* « *niam recipiunt debitum sibi recepisse.* » (1)

Du premier membre de phrase il semble résulter que l'o-

_____

(1) L. 16, § 4, Dig. de fidijussoribus et mandatoribus.

bligation naturelle peut être munie d'une action. Et pourtant il est évident, d'après le second membre de la même phrase, qu'il est ici question de l'obligation naturelle proprement dite, telle que nous l'entendons.

Julien aurait-il vraiment avancé une telle proposition? Et se serait-il mis seul en contradiction avec les jurisconsultes de son temps? avec ceux qui l'ont précédé et ceux qui l'ont suivi?

C'est ce que n'ont pu admettre certains auteurs, tels que Godefroy (1) et Hotoman (2) qui se sont crus autorisés à faire tenir au jurisconsulte des paroles précisément inverses en interpolant une négation et en lisant : *non competit*, au lieu de : *competit*.

Ce procédé assurément très-commode n'a rien de concluant. Nous estimons qu'il n'en est nullement besoin pour interpréter sainement la pensée de Julien.

Irons-nous dire alors après Cujas (3), Pothier (4), et plus récemment Wéber (5), Gluch (6), et M. de Savigny (7), que l'auteur du texte précité emploie les expressions : *obligationes naturales* dans le double sens d'obligations de droit des gens munis d'une action, et d'obligations proprement dites naturelles qui en sont dépourvus? Mais comment penser que Julien, dans un si court paragraphe, ait voulu mettre en parallèle, sous la même dénomination, deux sortes d'obligations si différentes?

---

(1) Notes sur la loi 10, Dig. de obligationibus et actionibus.
(2) Observ. III-2.
(3) Recit. solemn. ad libros Salvii Juliani, L. 16, § 4, de fidij. t. VI. c. 367, édit. de Naples.
(4) Pandect. Justini. ad tit. de fidij., n° VIII, note c.
(5) Obligation naturelle, § 51.
(6) T. I, p. 188.
(7) § 7, p. 40.

Il nous semble bien plus logique et bien plus vraisemblable de dire, avec Unterholzner (1) et de Vangerone (2), que Julien, en parlant de la possibilité d'agir en matière d'obligations naturelles, a eu en vue les cas où ces obligations sont garanties par des engagements accessoires tels que la fidéjussion, le gage, le constitut, l'hypothèque.

Le créancier naturel, ainsi garanti, peut intenter une action contre le fidéjusseur ou tout autre obligé civil accessoire, tenu à l'occasion d'une obligation naturelle (*earum nomine*); car nous verrons que l'obligation naturelle peut être la cause d'une obligation civile, soit accessoire, soit même principale.

Tel est le sens grammatical de ce texte. Et ces mots : *earum nomine*, ne peuvent être fidèlement traduits que d'après cette dernière interprétation, quoi qu'en ait dit un éminent professeur de droit romain (3).

Du reste cette interprétation est corroborée par le troisième paragraphe de la même loi, qui précède immédiatement notre texte, et où il est dit que la fidéjussion s'applique indifféremment à l'obligation civile ou naturelle. Le quatrième paragraphe que nous avons reproduit n'est, en effet, que le développement et l'application de cette idée.

Il est une quatrième interprétation présentée par M. Massol (4). D'après cet auteur, Julien, dans ce texte, aurait fait allusion à l'action *in factum* accordée à celle des deux parties qui aurait accompli son engagement résultant d'un simple pacte.

---

(1) Lehre von den Schulerdverh, t. l, p. 12.
(2) T. III, p. 5.
(3) M. Machelard, Traité des obligations naturelles, p. 14.
(4) Traité de l'obligation naturelle, p. 30.

Nous nous permettons de douter que Julien ait songé à
cette espèce toute spéciale, et toute différente de celle qui
nous occupe. S'il eût voulu y faire allusion, il ne pouvait
le faire en termes plus obscurs et plus incompréhensibles.

Nous voilà bien fixés maintenant sur la pensée de Julien.
Et si l'on peut, à bon droit, comme le fait M. Machelard,
déplorer l'incertitude du langage des jurisconsultes romains,
qui, dans certains passages, parlent d'obligations naturelles
produisant par elles-mêmes, tantôt un *debitum* et tantôt un
indebitum, tantôt une action et tantôt l'exclusion de l'action,
ce n'est pas à coup sûr le texte de Julien qui doit suggérer de
telles réflexions.

Nous ne voyons dans ce texte, en effet, aucune confusion
entre l'obligation du droit des gens et l'obligation dite naturelle, mais bien au contraire une désignation exacte de cette
dernière.

CHAPITRE II

EFFETS DE L'OBLIGATION NATURELLE

On peut distinguer deux sortes d'effets produits par l'obligation naturelle : les uns qui tendent à lui donner indirectement une force obligatoire, et que nous appellerons pour cette
raison effets positifs; les autres, ou plutôt un autre essentiellement négatif, c'est le manque d'action.

Nous n'avons pas à revenir sur ce dernier effet, il en a
déjà été question précédemment. Du reste, on comprend aisément quelle en est la portée. Nous avons vu, en expliquant
le texte de Julien sur les fidéjusseurs, que si l'obligation naturelle n'est point elle-même munie d'une action, elle peut

être garantie par un obligé civil accessoire soumis aux voies directes d'exécution.

Quant aux effets positifs ou effets proprement dits de l'obligation naturelle, ils sont nombreux. Nous allons les passer successivement en revue.

SECTION I

DE LA NON-RÉPÉTITION

A Rome, la validité d'une obligation ne dépendait nullement de la cause de cette obligation. La volonté des contractants exprimée selon les termes de la loi suffisait pour former un lien juridique, ou consommer irrévocablement l'aliénation d'une chose et en empêcher la répétition.

C'est là un des résultats de ce vieux formalisme romain qui attribuait à la lettre une importance décisive.

Du reste ce système formaliste tendit peu à peu à disparaître, avec l'extension toujours croissante du droit de cité accordé successivement aux peuples conquis.

Mais il est à remarquer que l'ancien droit civil ne parvint à s'humaniser que par des mesures détournées, par des dispositions législatives dont l'ensemble formait comme un droit nouveau à côté de l'ancien qu'il ne détruisait pas, mais dont il adoucissait ou suppléait les effets trop rigoureux.

C'est ainsi que, pour remédier aux conséquences absolues de leur principe en matière d'aliénation, les Romains, sans y porter directement atteinte, et tout en le laissant subsister avec ses effets, établirent une action personnelle en faveur de l'aliénateur. Celui qui avait aliéné sa chose cessait par là même et irrévocablement d'être propriétaire ; il ne pouvait se baser sur aucun motif pour revendiquer comme sienne la chose qu'il avait aliénée. Mais il pouvait, au moyen de la *condictio indebiti*, venir dire à son acquéreur : « je vous « ai transmis une chose que je ne vous devais pas; vous « allez m'en retransférer la propriété. » Il avait alors à prouver que la chose qu'il avait livrée n'était pas due par lui à l'acquéreur. S'il établissait cette prétention, il obtenait gain de cause. Le défendeur était tenu de lui livrer la chose qui faisait l'objet du litige, bien qu'il en fût propriétaire d'après les principes du pur droit romain.

On le voit, l'institution de la *condictio indebiti* était toute d'équité. Il importait donc que ses résultats ne vinssent pas violer cette même équité. Aussi ce recours de l'aliénateur ne lui était-il pas accordé dans tous les cas où il se dépouillait d'une chose qu'il ne devait point.

Si telle personne, par exemple, dans le but de faire une libéralité, donnait quelque chose à une autre personne, elle ne pouvait pas, sous le prétexte qu'elle ne devait rien, venir répéter l'objet donné. Mais si cette même personne s'était dépouillée croyant à tort acquitter une dette, elle pouvait invoquer la *condictio indebiti*.

Ainsi la condition essentielle à la possibilité de répéter ce qu'on avait livré, c'est la fausse croyance où l'on était, au moment de l'aliénation, qu'une dette avait été préalablement contractée.

Cette règle même n'était pas sans exception ; et l'on avait considéré que dans certains cas où, sans être tenu d'une dette civile, on était pourtant débiteur en quelque sorte, soit en vertu d'une obligation naturelle, soit même en vertu d'une obligation morale, un tel recours eût abouti à une injustice. La *condictio indebiti* était refusée à de tels débiteurs.

Voilà pourquoi cette action est refusée à celui qui s'est

acquitté d'une obligation contractée par lui, alors qu'il était impubère, sans l'intervention de son tuteur. Voilà pourquoi elle est refusée à l'ascendante qui a fourni la dot de sa fille, alors qu'elle croyait être tenue civilement de le faire (1).

Est-ce une raison pour confondre les deux cas? Faut-il dire que si l'on ne peut répéter, c'est que dans l'un et dans l'autre on est lié par une obligation naturelle? Assurément non. Si la *condictio indebiti* est pareillement exclue dans nos deux espèces, les motifs de cette exclusion sont différents.

Dans la première, une convention a été passée; les parties ont formellement exprimé l'intention qu'elles avaient de s'obliger entr'elles. Si cette convention n'a pas produit tout son effet, si un contrat n'a pas pu prendre naissance, c'est que la loi civile déclare le pupille incapable de contracter. Mais ce dernier n'en reste pas moins débiteur sous certains rapports, puisqu'à sa majorité une simple ratification de sa part suffit pour donner à son engagement toute la force d'une obligation civile.

Dans notre seconde espèce aucune convention n'est intervenue. D'autre part, la loi n'impose à la femme aucune obligation relative aux intérêts pécuniaires de ses descendants. Il n'y a donc véritablement pas de débiteur; il n'y a pas de dette, par suite pas de paiement possible. C'est un don, mais un don basé sur le devoir moral, sur la *pietatis causa*, comme disent les jurisconsultes romains. C'est pour ce motif qu'on refuse à l'ascendante la possibilité de répéter ce qu'elle a ainsi donné.

Nous trouvons au Digeste plusieurs textes où il est question d'espèces analogues.

_____

(1) L. 32, § 2, Dig. *de condictione indebiti*.

Par exemple, la mère qui paie le prix de la rançon de son fils tombé au pouvoir de l'ennemi, n'est pas recevable à en demander le remboursement (1).

De même l'affranchi qui preste à son patron les *opera officiales*, bien qu'il n'eût fait aucune promesse à cet égard, ne peut ensuite réclamer le prix de ses services, alors même qu'il aurait cru s'acquitter d'une dette civile (2).

Dans tous ces cas, c'est sur la *pietatis causa* ou *ratio* qu'est fondée l'exclusion de la *condictio indebiti*. Et si les jurisconsultes romains ont dit de ces personnes *naturaliter obliguntur*, — *natura debent*, ils n'ont nullement eu la pensée de les assimiler à celles qui sont obligées naturellement dans le sens propre du mot, comme le pupille qui a contracté sans l'*auctoritas tutoris*.

SECTION II

DE LA FIDÉJUSSION. — DE LA CORRÉALITÉ. — DU GAGE

Toute personne capable peut contracter un engagement accessoire à une obligation principale réellement existante.

Que cette obligation primitive soit naturelle ou civile, peu importe ; l'une ou l'autre suffisent également à valider un engagement accessoire qui serait nul s'il était pris à l'occasion d'une obligation morale.

Sur la première proposition, à savoir: que toute dette natu-

_____
(1) L. 17, Codice, *De postliminio reversis.*
(2) L. 26, § 12, Dig. *De condictione indebiti.*

2

relle peut être valablement cautionnée par un fidéjusseur, aucun doute n'est possible. Nous trouvons au Digeste un texte formel à cet égard : « *Fidejussor accipi protest quoties est* « *aliqua obligatio civilis vel naturalis, cui applicetur.* » (1)

La seconde proposition, à savoir: qu'on ne peut pas se porter fidéjusseur d'une obligation de conscience, découle des principes généraux. Le devoir moral, habituellement vague et indéterminé, ne crée pas une obligation proprement dite ; la conscience ne peut spécifier qui est débiteur, qui est créancier; elle ne peut préciser ni l'objet, ni le montant de la dette ; c'est donc improprement qu'on donne au devoir moral le nom d'obligation. Or il est reconnu que la fidéjussion ne peut intervenir que là où préexiste une obligation dans le sens juridique du mot.

Ainsi la fidéjussion, impossible avec le devoir moral, s'adapte parfaitement à l'obligation naturelle; et cela dans tous les cas, sans aucune restriction.

Des différences existent pourtant au point de vue de la force obligatoire de la fidéjussion. L'obligation qui résulte du cautionnement est tantôt civile et tantôt naturelle. On tient compte, en effet, de l'intention du fidéjusseur. S'il intervient pour cautionner une obligation naturelle résultant d'un pacte, le fidéjusseur est présumé consentir une action contre lui; son engagement est civil. S'il garantit l'emprunt fait illégalement (2) par un fils de famille dont il pouvait ignorer la qualité, il n'est pas présumé avoir la même intention et n'est ordinairement tenu que naturellement.

D'ailleurs, il est bien évident qu'à raison de sa propre inca-

---

(1) L. 16, § 3, Dig. *De fidejussoribus*
(1) Le sénatus-consulte macédonien tout en interdisant au fils de famille d'emprunter, laissait subsister contre lui l'obligation naturelle de rembourser son prêteur.

pacité, le fidéjusseur, s'il est impubère, par exemple, ne peut, en cautionnant une dette tant civile que naturelle, contracter lui-même qu'une obligation naturelle.

En matière de corréalité, une controverse est soulevée au sujet du recours des *correi* entre eux. Mais la question est tranchée d'une façon précise en ce qui concerne les coobligés naturels.

Si nous supposons plusieurs codébiteurs obligés, les uns civilement, les autres naturellement, les débiteurs civils qui ont payé l'intégralité de la dette n'ont aucun recours contre leurs coobligés naturels.

Il en est de même si nous supposons plusieurs codébiteurs, tous tenus naturellement. Le créancier n'a d'action contre aucun d'eux; et si l'un paie volontairement la totalité de la dette, il ne peut recourir contre ses débiteurs corrées pour leur part dans l'obligation, car son propre fait est impuissant à modifier, du moins à empirer la situation de ces derniers.

Quant à la question de savoir si l'obligation naturelle peut être garantie par un gage, nous avons un texte formel en ce sens : « *Res hypothecæ dari posse sciendum est pro quâ-* « *cumque obligatione.... vel pro civili obligatione, vel* « *honoraria, vel tantum naturali* » (1).

On a cherché à établir la négative, tout au moins à inspirer quelques doutes. On a dit que celui qui donne un gage pour assurer le remboursement de l'emprunt fait par un fils de famille, a la faculté d'invoquer l'exception du sénatus-consulte macédonien (2), bien que ce sénatus-consulte laisse subsister une dette naturelle à la charge de l'emprunteur. D'où

(1) L. 8. Dig. *De pignoribus et hypothecis.*
(2) L. 2, Dig. *Quæ res pignori.*

la conclusion, dit-on (1), qu'en certains cas l'obligation naturelle ne peut pas être garantie par un gage.

Nous savons bien que le fils de famille qui emprunte malgré le sénatus-consulte macédonien reste obligé naturellement. Nous savons bien encore que celui qui donne, soit sa personne, soit ses biens, comme garantie d'un tel engagement, peut, à moins d'une clause spéciale, opposer au créancier demandeur le sénatus-consulte macédonien. Il n'en est pas moins vrai que ce dernier est obligé, non pas civilement, mais naturellement. Un engagement accessoire à celui du fils de famille a donc pu intervenir et produire un certain effet juridique.

Du reste, même dans notre espèce, si celui qui a donné un gage en est spécialement convenu, il sera obligé civilement et déchu de son droit à se prévaloir du sénatus-consulte.

On a dit encore que le créancier ne peut réclamer le paiement de la dette naturelle au propriétaire du gage, qu'à la condition de lui consentir en échange la cession d'action qui lui est demandée. Or, dans l'espèce, la dette étant naturelle et dépourvue d'action, le créancier ne peut pas céder ce qu'il n'a pas. Le gage fourni dans de telles conditions, arrive ainsi à être sans effet et par suite illusoire. Autant vaut dire que l'obligation naturelle, en certains cas, ne peut pas être garantie par un gage.

Ce raisonnement est doublement erroné. D'une part, on oublie de remarquer que si la cession d'action est irréalisable, cela tient, non pas au fait du créancier, mais à des circonstances connues du propriétaire du gage, qui savait bien, en

_____

(1) M. Holtius, Revue de Législation, année 1852, t. III, p. 14.

affectant sa chose, qu'il lui serait impossible d'exiger cette sorte de transmission. Il ne peut donc se plaindre et se soustraire aux suites d'une faute volontaire ou d'une trop grande incurie.

D'autre part, personne n'ignore que le plus souvent, et spécialement dans notre espèce, on entend par cession d'action la prestation d'un droit quel qu'il soit. Dès-lors, il n'est plus vrai de dire qu'il y a impossibilité de fournir un gage, parce qu'il y a impossibilité de prester une action. Si vous avez une créance naturelle, vous avez des droits ; et rien ne vous empêche de céder ces droits au propriétaire de la chose engagée en échange du paiement qu'il vous fait.

Comme la fidéjussion, comme la corréalité, le gage est applicable à l'obligation naturelle; il constitue l'une de ses garanties les plus puissantes.

SECTION III

DE LA RATIFICATION

L'obligation naturelle est susceptible de ratification. Une Constitution (1) nous apprend que le fils de famille peut ratifier l'obligation naturelle.

Il importe de bien connaître la nature de la ratification. Elle tend, non pas à former une nouvelle obligation, mais à rendre plus efficace celle sur laquelle elle porte. Or, il est de principe qu'on ne peut donner un supplément de force obligatoire qu'à ce qui en a déjà. D'où il suit que le devoir

(1) L. 2, Codice, *Ad senat. Maced.*

moral, qui ne constitue pas, en réalité, une obligation, ne peut, en aucun cas, être ratifié.

C'est par le même motif, c'est parce que la ratification ne crée pas une nouvelle obligation et vient seulement confirmer une obligation préexistante, que l'on comprend l'unique inter-vention du débiteur dans cet acte.

D'une part, en effet, on ne voit pas l'avantage que peut avoir le créancier à s'opposer à l'amélioration de sa créance. D'autre part, on ne crée pas à nouveau ; l'accord des parties contractantes est donc inutile.

Le débiteur seul va contre ses intérêts en ratifiant une obligation naturelle, puisqu'il aggrave sa situation; il peut donc, à lui seul, procéder à cet acte.

Une autre conséquence pratique importante à tirer de ces données, c'est que le créancier n'a pas besoin d'avoir con-servé la capacité de contracter au moment de la ratification. Au contraire, le débiteur doit avoir acquis une capacité pleine et entière. Ainsi le fils de famille ne peut utilement ratifier l'emprunt qu'il a fait en violation du sénatus-consulte macé-donien, que lorsqu'il est devenu *sui juris*.

SECTION IV

DU CONSTITUT

Le pacte de constitut, ou promesse de payer, comme tous les autres pactes, ne créait, dans le principe, qu'une obligation naturelle. Mais le Préteur, guidé par l'équité, dérogea au prin-cipe en faveur du constitut et lui reconnut la force obligatoire d'un contrat (1).

(1) L. 1, Dig. *De pecunia constituta.*

Le constitut est un pacte accessoire ; il ne peut intervenir que pour garantir une obligation préexistante et juridique. L'obligation de conscience ne peut donc pas lui servir de base (1).

Ce pacte peut émaner ou d'un tiers ou du débiteur lui-même ; et, dans ce dernier cas, c'est une véritable ratification. Mais puisque l'obligation naturelle peut être fortifiée par une ratification, il n'est pas étonnant qu'elle puisse être aussi fortifiée par le constitut.

Remarquons, toutefois, qu'une telle ratification a le caractère spécial d'une convention : le créancier doit intervenir, l'accord des volontés doit être parfait. En un mot, toutes les conditions requises pour la validité d'une convention doivent être réunies.

Du reste, que le constitut émane du débiteur ou d'un tiers, dans tous les cas il peut s'appliquer à l'obligation naturelle, avec cette différence pour le débiteur primitif, que, dans le premier cas, son obligation devient civile, tandis qu'elle ne change pas de nature dans le second.

Quant au créancier, sa sûreté est la même ; l'action qu'il peut intenter dans le premier cas contre le débiteur primitif lui-même, il peut l'intenter dans le second contre le tiers débiteur par intervention. On peut dire cependant que dans ce dernier cas le créancier, ayant deux débiteurs au lieu d'un, a une garantie de plus que dans le premier.

SECTION V

DE LA NOVATION

La novation produit un double effet simultané : extinction d'une obligation, création d'une autre qui prend la place de la

(1) L. 1, § 7, Dig. *De pecuniâ constitutâ*.

première. Pas d'obligation préexistante, pas de novation possible. Mais l'obligation civile est-elle seule sujette à novation ? N'en est-il pas de même de l'obligation naturelle ?

Pour répondre, nous n'avons qu'à rapporter un fragment du Digeste (1) : « *Illud non interest, qualis præcessit obligatio, utrùm naturalis, an civilis.* » Il est assez clair pour n'avoir pas besoin d'un commentaire.

Quant à l'obligation morale, elle ne donne naissance à aucun lien juridique ; elle ne saurait donc être sujette à novation.

L'obligation naturelle peut être novée, disons-nous. Elle peut aussi nover soit une obligation civile, soit une obligation naturelle : « *Obligatio... quæ præcessit novari verbis potest dummodo sequens obligatio, aut civiliter teneat, aut naturaliter* » (2).

Dans ce dernier cas, l'utilité de la novation est nulle pour le créancier. Après, comme avant, il est dépourvu d'action. Mais le débiteur peut y trouver son intérêt si c'est un tiers qui s'oblige à sa place, ou si lui-même change l'objet de son obligation ; car, on le sait, il y a différentes sortes de novations.

Le débiteur peut même avoir intérêt à un simple changement de créancier. Dès lors il importe d'établir que l'obligation naturelle peut être novée par une obligation naturelle. Si nous rapprochons, à cet effet, les deux textes précités, nous lisons que pour que la novation soit valable il faut et il suffit que l'obligation primitive soit ou civile ou naturelle, et que l'obligation nouvelle soit de même ou naturelle ou civile. D'où la conclusion inévitable, que l'obligation naturelle peut être novée même par une obligation de même nature, tandis

(1) L.-1, § 1, Dig. *De novationibus.*
(2) *Id.*

que le devoir de conscience ne peut ni être nové ni servir à réaliser le fait de la novation.

SECTION VI

DU DROIT DE RÉTENTION.

Le droit de rétention est fondé sur un double motif d'utilité et d'équité : — Il est juste qu'un débiteur, devenu créancier à l'occasion de l'objet de sa dette, puisse retenir la chose qui lui est réclamée et dont il est détenteur, jusqu'à ce qu'il soit désintéressé de ses dépenses ; — Il est utile d'éviter ainsi les longeurs et les frais d'un double recours et les risques d'une insolvabilité future.

Basé sur l'équité, le droit de rétention est également fondé en droit. Plusieurs textes du Digeste y sont relatifs. Il y est dit (1) que le droit de rétention est accordé au *procurator*, à raison des dépenses qu'il a faites. Il y est dit encore (2) qu'un vendeur est admis à retenir l'objet vendu jusqu'à ce que l'acheteur ait rempli ses engagements.

Il résulte de ces deux textes que ce droit de rétention s'exerce en vue de frais déboursés à l'occasion de la chose due ou en vue d'une créance qui est la cause même de la dette. Pour toute dépense, pour toute créance indépendante de l'objet même de la dette, il n'existe aucun droit de rétention.

En d'autres termes, pour que ce droit prenne naissance,

(1) L. in fine, Dig. *De procuratoribus.*
(2) L. 31, § 8, Dig. *De ædilitio edicto.*

il faut qu'il y ait corrélation entre l'objet dû et la créance pour l'acquittement de laquelle cet objet est retenu.

Ce droit ainsi défini existe indiscutablement, toutes les fois qu'il s'agit d'une obligation civile. Mais en est-il de même en matière d'obligation naturelle ?

On n'a pas de peine à se convaincre que cette faculté de retenir est surtout utile pour le créancier naturel qui n'a pas d'action.

Basé sur l'équité, le droit de rétention devait donc exister au profit du créancier naturel. Et telle est, en effet, l'opinion consacrée par le jurisconsulte romain quand il dit que le pupille qui achète sans l'autorisation de son tuteur peut être repoussé dans son action en délivrance par le vendeur, au moyen du droit de rétention qui peut-être exercé utilement jusqu'au paiment intégral du prix de la vente. « *Atque si ab initio sine tutoris auctoritate emisset, ut scilicet ipse non tenea-* « *tur, sed agente eo retentiones competant* » (1).

On peut supposer le cas inverse, celui où un pupille aurait vendu sans l'autorisation de son tuteur et aurait livré la chose vendue. S'il vient à réclamer cette chose, en alléguant son incapacité pour contracter, l'acheteur peut user du droit de rétention pour les dépenses qu'il a faites à l'occasion de cette chose depuis qu'elle lui a été livrée.

Cette dernière espèce n'est point en contradiction avec le principe que le pupille, en contractant seul, s'oblige naturellement, et que l'acquittement d'une obligation naturelle n'est point sujet à répétition. Ce principe est subordonné à cet autre que, tant que la personne obligée naturellement est en état d'incapacité, les effets de l'obligation naturelle demeurent en suspens.

---

(1) L. § 1, Dig. *De rescindendâ venditione.*

Après ce que nous venons de dire sur la rétention, on voit sans peine que ce droit se confond avec la compensation, telle qu'elle existait à Rome dans le principe, avec la compensation *ex eadem causâ*, comme l'appellent les jurisconsultes romains.

Jusqu'à l'époque de Marc-Aurèle, en effet, à part la compensation toute spéciale de l'*argentarius*, à part la *deductio bonorum emptoris*, on ne connaissait que la compensation *ex eâdem causâ*, ou droit de rétention.

Limité quant à son étendue et quant à sa portée, ce droit ne trouvait place que dans les contrats synallagmatiques, dans les actions de bonne foi.

Plus tard, et à dater de l'empereur Marc-Aurèle, la compensation prit une plus large extension ; on l'autorisa dans les actions *stricti juris*. Dès-lors ce ne fut plus un simple droit de rétention.

Les actions *stricti juris* prenant naissance dans les contrats unilatéraux, force fut, pour ne pas rendre illusoire le droit de compensation accordé au débiteur poursuivi, de déclarer ce dernier recevable à se prévaloir d'une créance tout-à-fait distincte de l'objet de sa dette.

C'est ce droit, étendu plus tard même au cas où il s'agit d'obligations résultant de contrats *bonæ fidei*, que les jurisconsultes ont appelé compensation *ex dispari causâ*.

Tel est le dernier état du droit romain ; tels sont les effets produits par l'obligation civile.

Evidemment l'obligation naturelle ne saurait offrir de semblables résultats. Autrement le manque d'action, conséquence infaillible du lien purement naturel, deviendrait illusoire. Ce serait pour les débiteurs civils, un moyen trop facile de spéculer sur la fortune de ceux que la loi a placés sous sa protection.

Aussi n'est-il pas à présumer que les jurisconsultes romains, qui étaient des hommes toujours si pratiques, aient soumis à la compensation *ex dispari causâ* ceux qu'ils voulaient protéger en les frappant de l'incapacité de s'obliger civilement.

Du reste, et cette remarque n'est pas sans importance, l'obligation naturelle étant du droit des gens ne doit point suivre toutes les fluctuations apportées par le temps et les mœurs d'un peuple, fluctuations auxquelles est sujette l'obligation civile. Il n'est donc pas étonnant que pour l'une, la compensation prît de l'extension avec ce besoin de célérité sans cesse croissant, grâce à la multiplicité des rapports commerciaux sous l'empire ; tandis que, pour l'autre, elle restât ce qu'elle était primitivement, un simple droit de rétention.

Certains romanistes, tels que Mühlembruch (1) et Savigny (2), prétendent que l'obligation naturelle, comme l'obligation civile, produit la compensation dans le sens le plus large du mot. Ils argumentent de ce texte : « *Etiam quod natura debetur venit in compensationem* » (3). Mais ils oublient que ce fragment d'Ulpien fait partie d'un commentaire sur Sabinus qui écrivait bien avant Marc-Aurèle ; et nous savons qu'à cette époque la compensation *ex eâdem causâ* seule existait. Or Ulpien n'a fait que répéter ici ce que disait Sabinus à l'égard de l'obligation naturelle ; et ces mots : *venit in compensationem*, n'ont trait qu'à la compensation *ex eâdem causâ*.

La compensation, en droit romain, présente un caractère particulier qui tient à son origine. Elle ne s'opère pas de plein droit ; il faut la sentence du juge.

(1) Doctrina pandectarum, t. I, p. 223.
(2) T. IX, p. 48.
(3) L. 6, Dig. *De compensationibus.*

La compensation, en effet, a son principe dans le droit de rétention ; et s'il y a un droit de rétention pour le débiteur devenu créancier de son créancier, c'est que, précisément, les deux dettes ne se compensent pas par le seul fait de leur existence réciproque. Ce caractère a été conservé même à la compensation *ex dispari causd*, bien qu'elle fût complétement distincte du droit de rétention.

De ce que nous venons de dire sur la compensation, ressort, outre l'obligation naturelle et l'obligation civile, une différence importante dont nous n'avions pas encore parlé, et qu'il est bon de préciser :

La compensation *ex eddem causd* est la seule possible à l'égard des obligations naturelles ; les obligations civiles, au contraire, sont compensables bien que nées *ex dispari causd*.

Nous avions donc raison de dire qu'il manquait un dernier terme à notre définition de l'obligation naturelle. Pour qu'elle soit complète il faut la formuler ainsi : « l'obligation naturelle est une obligation civile imparfaite, qui produit tous les effets de l'obligation civile parfaite, moins l'action et la compensation en tant que distincte de la rétention. »

SECTION VII

L'OBLIGATION NATURELLE FAIT PARTIE DES BIENS DU CRÉANCIER

C'est là un effet de l'obligation naturelle qui résume tous les autres, ou plutôt qui en est la conséquence.

A la différence de l'obligation morale, l'obligation naturelle implique nécessairement l'idée d'une dette. Cette différence

tient à la nature même de chacune de ces deux obligations.
Tandis que l'une, vague et indéterminée, ne saurait être
représentée par un chiffre précis, l'autre porte avec elle sa
détermination. L'acquittement de la première constitue une
libéralité, l'acquittement de la seconde est un véritable
paiement.

Ainsi l'obligation naturelle, à l'exclusion du devoir moral,
constitue une dette proprement dite ; elle fait partie des biens
du créancier. C'est une conséquence de la nature même de
cette obligation.

Les textes viennent encore confirmer cette proposition.
C'est ainsi que celui qui touche le montant d'une créance naturelle est dit *debitum sibi recepisse* (1).

Nous voyons ailleurs que l'obligation naturelle se transmet
activement et passivement aux héritiers des contractants
comme l'obligation civile ou prétorienne : « *Quamvis Sena-*
« *tus de his actionibus transferendis loquatur, quæ jure*
« *civili, heredi et in heredem competunt ; tamen honora-*
« *riæ omnes transeunt. Nulla enim separatio est. Imo et*
« *causa naturalium obligationum transit* » (2).

Plus loin (3) nous trouvons une nouvelle preuve à l'appui
de ce fait que la transmission des biens doit s'étendre à l'o-
bligation naturelle. Il est dit que l'héritier qui, chargé de vendre les biens, les restitue et acquitte ensuite une obligation
naturelle dont était tenu le testateur, peut répéter ce qu'il a
ainsi payé, parce qu'il ne détient plus le patrimoine ; *naturalis obligatio transata intelligitur.*

Il y a des textes, il est vrai, où il est dit que l'obligation

(1) L. 16, § 4, Dig. *De fidejussoribus.*
(2) L. 40, Dig. *Ad Senat. Trebellianum.*
(3) L. 64, Dig. *Ad Senat. Trebellianum.*

naturelle n'est pas une dette dans la véritable acception du mot ; mais ces divers textes se réfèrent seulement à cette idée, que l'obligation naturelle est dépourvue d'action.

Dans le langage des jurisconsultes romains, le mot action est synonyme d'obligation. C'est ainsi qu'il est souvent question de la nécessité de *præstare actiones* pour faire entendre qu'on est tenu de céder son titre, de céder ses droits. Il n'est donc pas étonnant qu'à Rome et dans ce sens on refuse le titre d'obligations aux engagements dépourvus d'action.

Ainsi, malgré l'opinion de certains auteurs, l'obligation naturelle fait partie des biens du créancier ; elle constitue vraiment une dette. Dès-lors le créancier naturel qui devient héritier de son débiteur, a le droit d'opérer un prélèvement sur l'hérédité jusqu'à concurrence du montant de sa créance ; car la quotité des biens attribués aux légataires s'évalue sur l'hérédité, déduction faite de toutes les dettes, même de celles dont le défunt était tenu envers son héritier.

Il est vrai que si un créancier naturel, autre que l'héritier, se présentait à la succession, il ne pourrait exiger l'acquittement de sa créance. Mais, comme dans le cas actuel, le créancier est en même temps débiteur, puisqu'il représente la personne du défunt, c'est en cette dernière qualité qu'il effectue le paiement de sa propre créance, comme peut le faire tout débiteur naturel.

Du principe que l'obligation naturelle crée une dette, qu'elle fait partie des biens du créancier, découlent beaucoup d'autres conséquences, toutes celles, en un mot, qui sont attachées à l'obligation civile, moins celles relatives aux droit d'action et au droit de compensation *lato sensu*.

Ainsi le *nomen naturale*, comme le *nomen civile*, peut

être transmis (1) ; il peut être légué, soit à un tiers, soit au
créancier lui-même ; et, dans ce dernier cas, le légataire n'a
pas de réduction à subir pour parfaire le quart des biens
réservés à l'héritier.

Ainsi encore l'acquittement d'un *nomen naturale* n'est
sujet ni à la révocation ni au rapport ; il ne peut être taxé
d'inofficieux ; les dispositions de la loi Cincia lui sont inapplicables.

APPENDICE

Nous venons d'énumérer les nombreux effets de l'obligation naturelle. Ce sont là tout autant de différences notables
qui la séparent de l'obligation de conscience. L'une et l'autre,
du reste, ont entre elles certains rapports communs ; dans
bien des cas, la ligne de démarcation sera difficile à trouver
tout d'abord. Il importe pourtant de ne pas les confondre. A
quel signe reconnaîtra-t-on l'obligation naturelle ?

Des auteurs pensent qu'on doit rechercher avant tout quels
rapports juridiques existent entre les deux personnes obligées,
quelle est la nature de leurs liens. L'obligation qu'il s'agit
de qualifier constitue-t-elle une dette ? Voilà le *criterium*
ordinaire, d'après lequel, disent ces auteurs, on pourra dire :

---

(1) Contrà : M. Schwauett, p. 165 et suiv.

tel engagement est une obligation naturelle, tel autre une obligation morale.

Il nous semble que c'est là tourner la difficulté et non la résoudre. Autant vaudrait dire : Telle obligation est morale parce qu'elle est du domaine de la conscience, telle autre est naturelle parce qu'elle est du domaine du droit naturel. Mais où est le point de séparation entre le droit et la morale?

Nous estimons qu'il est bien plus facile et bien plus sûr de se fixer d'après le mode qui a présidé à la formation de l'obligation.

La personne obligée l'est-elle indépendamment de toute convention, de tout agissement? Elle est tenue moralement. L'est-elle en vertu, soit d'un acte, soit d'un contrat? Elle est obligée civilement s'il n'y a ni vice de forme ni défaut de capacité, naturellement s'il y a incapacité ou omission de formalités. Tel est, suivant nous, le signe auquel on peut discerner entre elles l'obligation civile, l'obligation naturelle et l'obligation morale.

CHAPITRE III

COMMENT S'ÉTEINT L'OBLIGATION NATURELLE

Les modes d'extinction des obligations civiles sont applicables aux obligations naturelles.

Toutefois, des difficultés de détails peuvent se présenter, dans l'application de ces différents modes à l'extinction de l'obligation naturelle, soit qu'elle existe seule, soit qu'elle existe à côté de l'obligation civile. C'est spécialement à ce dernier point de vue que nous nous placerons pour parler des différentes causes d'extinction de l'obligation naturelle.

Une remarque générale qui trouve sa place ici, c'est que la classification des modes d'extinction en modes qui opèrent de plein droit et modes qui opèrent par voie d'exception, appartient exclusivement au droit civil et n'offre ni intérêt ni utilité en matière d'obligations naturelles. De quelque manière que s'opère l'extinction des obligations naturelles, le résultat est le même.

SECTION I

DU PAIEMENT. — DE LA NOVATION. — DE LA COMPENSATION

L'obligation naturelle s'éteint par le paiement. Il est inutile d'insister sur ce point; nous dirons seulement quelques mots du paiement partiel et de l'imputation.

Une personne contracte envers une autre plusieurs dettes dont l'une est naturelle; elle compte à son créancier une somme insuffisante pour l'acquittement intégral de ses dettes. Comment doit se faire l'imputation?

Une distinction est ici nécessaire: Si le débiteur a indiqué lui-même celles de ses dettes sur lesquelles devrait porter le paiement, sa volonté fait loi. S'il ne s'est pas expliqué, le droit d'imputer est alors dévolu au créancier qui ne jouit pas de la même latitude; il peut bien, à son choix, faire porter l'imputation sur telle ou telle obligation civile, mais il ne peut imputer le paiement sur l'obligation naturelle qu'à défaut d'obligation civile. Enfin, si le débiteur et le créancier ont gardé le silence, c'est la loi qui opère elle-même l'imputation en faisant aussi passer l'obligation civile avant l'obligation naturelle.

Cette restriction, pour le créancier naturel, du droit d'imputation, est la conséquence de l'impossibilité où la loi le met de contraindre son débiteur au paiement d'une dette naturelle.

Elle se déduit, au surplus, de la loi de *solutionibus et liberationibus* (1), qui ne permet pas au créancier d'imputer sur la dette à terme, parce qu'elle n'est pas exigible. A plus forte raison, ne le peut-il pas sur la dette naturelle, puisqu'elle n'est jamais exigible.

Notons que le créancier gagiste, qui se paie à lui-même avec l'argent provenant de la vente du gage, jouit de la même latitude que le débiteur (2), parce que le paiement qu'il reçoit c'est lui-même qui le fait.

Si nous nous plaçons dans l'hypothèse d'une dette unique résultant d'une obligation naturelle, et si nous supposons qu'un paiement partiel est effectué, faut-il dire que, pour le surplus de sa dette, celui qui a payé est tenu civilement?

Pourquoi le serait-il? Est-ce que jamais un paiement peut créer une autre obligation que celle de ne pas répéter? Assurément le débiteur naturel qui liquide une partie de sa dette demeure tenu pour le reste de son obligation. Mais cet acquittement partiel ne change pas la nature des liens qui l'obligent.

Le débiteur naturel cesse de devoir ce qu'il a payé et il reste débiteur, mais au même titre, jusqu'à concurrence de ce qu'il n'a pas liquidé.

Comme le paiement, la novation éteint l'obligation naturelle avec cette différence, commune aussi à l'obligation civile, que le paiement éteint purement et simplement, tandis

---

(1) L. 1, Dig.
(2) L. 101, § 2, Dig. *De solutionibus et liberationibus.*

que la novation n'opère l'extinction de l'ancienne obligation
que par la création d'une nouvelle qui en prend la place.
C'est là ce qui constitue l'essence de la novation.

Toutes les fois qu'une obligation est substituée à une autre,
il y a novation; toutes les fois qu'à une obligation éteinte
n'en succède aucune, il n'y a pas novation, il y a paiement.

Ce principe est général; il est inhérent à la nature de la
novation, qu'il s'agisse d'obligations civiles ou d'obligations
naturelles.

Nous savons déjà qu'une obligation naturelle peut être
novée, soit par une obligation civile, soit par une obligation
naturelle. Pour arriver à ce dernier résultat, il faut se placer
dans l'hypothèse où un incapable, un pupille, par exemple,
déjà débiteur naturel, emploie la voie de la stipulation pour
promettre le paiement de sa dette sans l'intervention de son
tuteur. Mais si, *tutore auctore*, le pupille s'engageait, par
un pacte, à exécuter une obligation naturelle, la nouvelle
obligation serait civile et donnerait au créancier le droit
d'action; car nous avons vu que le préteur attribuait cet effet
au pacte accessoire de constitut (1).

Faut-il considérer la compensation comme un mode d'extinction des obligations et en particulier de l'obligation
naturelle? — Notons de suite qu'il s'agit ici du droit de
rétention ou de la compensation *ex eâdem causâ*.

Ainsi que la novation, la compensation peut être envisagée
à un double point de vue :— au point de vue du droit, qu'elle
confère, et, sous ce rapport, elle constitue un des effets de
l'obligation naturelle; au point de vue du résultat qu'elle produit, et alors c'est un mode d'extinction des obligations natu-

(1) Inst de just. § 8 et 9, *De actionibus*.

relles. Du reste, elle se confond dans ce dernier cas avec le paiement ou plutôt avec la dation en paiement ; c'est un véritable échange.

SECTION II

DE LA CONFUSION

Quel est l'effet de la confusion sur l'obligation en général ? Produit-elle l'extinction de la dette, comme le prétendent la plupart des auteurs ? Ou dirons-nous avec les Allemands que si, par la confusion, l'obligation ne cesse pas objectivement, du moins elle cesse d'exister subjectivement ? En d'autres termes, le débiteur est-il vraiment dégagé parce qu'il a succédé à son créancier ?

Ni l'un ni l'autre de ces deux systèmes ne nous semblent conformes aux principes. — Qu'il y ait suspension de l'obligation, nous le reconnaissons. Mais qu'il y ait extinction, soit absolue, soit même seulement relative, nous repoussons un tel résultat. La confusion n'étant autre chose, en effet, que la réunion, sur une même tête, de deux personnes, l'une créancière, l'autre débitrice, met le créancier dans l'impossibilité mathématique de se poursuivre lui-même en paiement d'une somme qu'il a déjà. Pareillement, la captivité de l'un des époux empêche toute cohabitation. Mais de même que la captivité ne détruit pas le mariage et le laisse subsister en droit, ainsi la confusion ne détruit pas le lien juridique de l'obligation, elle le tient seulement en suspens. Cela est si vrai, que le débiteur qui devient héritier de son créancier et qui remet ensuite les biens de la succession à un héritier fiduciaire, peut être poursuivi par ce dernier en paiement de sa dette, et réciproquement.

Qu'on ne vienne pas dire que l'obligation s'est éteinte par la confusion et qu'elle a repris naissance avec la cessation de la confusion. Ce qui a été détruit ne peut pas renaître.

Ainsi la confusion agit sur le fait, non sur le droit ; elle met en suspens les effets de l'obligation sans l'éteindre. Quand elle cesse, il se produit quelque chose d'analogue au *jus postliminii*. Du reste, s'il existe des obligations accessoires, leurs effets sont aussi mis en suspens pour tout le temps que dure la confusion. Tel est le principe.

Nous n'avons plus actuellement qu'à résoudre quelques difficultés d'application dans le cas où il s'agit d'une obligation naturelle.

Comme l'obligation civile, l'obligation naturelle subsiste malgré la confusion ; elle est seulement suspendue.

Supposons un obligé naturel, une caution, et un créancier succédant au débiteur principal. — Tant que les deux patrimoines du créancier et du débiteur demeurent confondus, l'obligation du fidéjusseur, comme l'obligation du débiteur naturel, demeurent en suspens. — Si le créancier devient héritier de la caution, il ne peut exercer l'action qu'il avait contre le fidéjusseur, mais il conserve sa créance naturelle avec tous ses effets vis-à-vis de son débiteur principal.

Jusqu'ici nos solutions sont en parfait accord avec les principes. Mais il est un cas où il semble qu'on doive s'en écarter : c'est celui où le débiteur hérite de la caution. Ne faut-il pas alors décider que l'obligation accessoire résultant de la fidéjussion est éteinte, en vertu de la règle générale qui veut que nul ne puisse être caution pour soi-même ? Il n'en est rien cependant. Les jurisconsultes romains décidaient que l'obligation naturelle principale et l'obligation civile accessoire du fidéjusseur subsistent, chacune avec son caractère propre, dans la personne du débiteur héritier de la caution, ou réciproquement (1).

Cette décision, d'ailleurs, n'implique pas contradiction avec la règle précédemment citée, car elle n'est en vigueur que pour le cas où l'obligation accessoire et l'obligation principale sont toutes deux civiles. C'est le jurisconsulte qui nous le dit (2). Dans notre espèce, l'obligation principale est naturelle, et le cautionnement n'est intervenu que pour lui communiquer un surcroît de vigueur qui lui manquait.

Ainsi la confusion n'est pas un mode d'extinction de l'obligation naturelle. Cette proposition ne souffre aucune restriction.

SECTION III

DE L'ACCEPTILATION ET DU PACTE
de non petendo

Il est de principe que chaque contrat peut être dissous à l'aide du mode même qui a présidé à sa formation. Ainsi, l'acceptilation entraîne l'extinction de l'obligation naturelle ou civile qui a pris naissance dans une stipulation ; ainsi le pacte *de non petendo* éteint l'obligation naturelle née d'un simple pacte.

Comme l'acceptilation, le pacte *de non petendo* n'est autre chose que la remise de la dette faite par le créancier. Du

(1) L. 21, § 2, Dig. *De fidejussoribus.*
(2) Id.

reste, sous cette seconde forme, la remise peut n'être que temporaire; alors elle n'éteint pas la dette, elle en suspend seulement l'exigibilité. Elle peut être aussi perpétuelle et en
même temps générale, s'étendant à tous les débiteurs,
et alors la dette est éteinte *objectivement*; ou seulement
personnelle à un débiteur accessoire ou à l'un de plusieurs
débiteurs conjoints, et alors on dit que la dette est éteinte
subjectivement; elle subsiste à l'égard du débiteur principal
ou des autres débiteurs conjoints.

S'il n'y a qu'un débiteur principal et qu'on lui fasse remise
de sa dette au moyen d'un pacte *de non petendo*, quelle
qu'en soit la forme, pourvu qu'il ne constitue pas une simple
remise temporaire, la dette est éteinte et les débiteurs accessoires sont déchargés. Si, au contraire, la remise est faite
personnellement au fidéjusseur, la dette principale subsiste
telle qu'elle était, sans changer de nature à l'égard du débiteur principal.

Remarquons qu'à la différence de l'acceptilation le pacte
de remise n'opère pas de la même manière pour toutes sortes
de débiteurs. S'il s'adresse à un débiteur naturel, la dette
est éteinte *ipso jure*; s'il s'adresse à un débiteur civil, la
dette n'est éteinte que *exceptionis ope*.

SECTION IV

DE LA PRESCRIPTION

La prescription éteint l'action; par suite, elle anéantit
l'obligation civile en tant que civile. Mais la laisse-t-elle
subsister en tant qu'obligation naturelle? D'autre part, appli-

quée à une obligation qui dès l'instant de sa formation est naturelle, la prescription n'a-t-elle aucun effet ?

Telles sont les deux questions que nous devons nous poser et que nous résolvons négativement pour les motifs que nous allons exposer en nous plaçant successivement dans les deux cas.

§ 1er. *Effet de la prescription par rapport à l'obligation naturelle isolée*

L'opinion générale est que la prescription ne s'applique pas à l'obligation naturelle (1), les raisons qu'on en donne peuvent se formuler ainsi :

Le créancier naturel ne peut pas actionner en exécution de sa créance ; il ne peut exercer aucune poursuite contre son débiteur. Le retard apporté au paiement de son obligation ne saurait donc être imputé au créancier et entraîner la perte de son droit. Ce serait lui infliger une peine imméritée.

L'obligation naturelle n'est pas exigible, elle ne confère aucun moyen de contrainte. Quel sera donc le point de départ de la prescription ?

Celui qui est créancier en vertu d'une obligation naturelle est appelé à faire valoir des exceptions. Or, il est de règle que les exceptions sont perpétuelles.

Tels sont les principaux arguments qu'on nous oppose. Nous allons les passer en revue et voir quelle en est la portée. Leur réfutation servira à étayer notre propre système.

On a tort, selon nous, de considérer la prescription libératoire comme une peine infligée au créancier inactif. C'est,

(1) M. de Savigny, t. V, p. 394, — t. IX, p. 96.

avant tout, une institution d'intérêt social dont le but est d'accroître le crédit et de diminuer les procès, toutes choses qui ont un intérêt égal, qu'il s'agisse de l'obligation naturelle ou de l'obligation civile. Il ne faut pas croire, du reste, que le créancier naturel n'a aucun moyen d'empêcher la prescription de son droit. S'il n'a pas d'action à l'effet de poursuivre le paiement de sa créance, il peut agir contre son débiteur en reconnaissance de sa dette et arrêter ainsi le cours de la prescription.

Quand nous voyons dans les textes que la prescription éteint l'action, faut-il en induire qu'elle laisse subsister l'obligation naturelle qui est dépourvue d'action ? Ne savons-nous pas que les jurisconsultes romains emploient constamment les mots *actio, actiones*, pour désigner les droits, quels qu'ils soient, nés d'obligations civiles ou naturelles ? D'ailleurs ne serait-il pas étrange que l'obligation naturelle, moins efficace que l'obligation civile, eût néanmoins plus de durée ?

Le moment à partir duquel courra le temps de la prescription sera le jour de l'échéance de la dette, qu'il ne faut pas confondre avec le jour de l'exigibilité.

Quant à la maxime : *Quæ temporalia sunt ad agendum, sunt perpetua ad excipiendum*, elle est applicable au débiteur ; elle ne peut l'être au créancier, ainsi qu'on le prétend dans l'espèce. On comprend la raison de distinguer entre celui qui doit en vertu d'une obligation formée au moyen de manœuvres frauduleuses, et le créancier qui a laissé négligemment prescrire son droit.

Au surplus, il importe de bien se fixer sur le sens de cette phrase. En serrant le texte de près on a la traduction suivante : « Certains faits, sur lesquels on ne peut fonder d'action que pour un temps, peuvent toujours être proposés par voie d'exception. » C'est ce qui se produit dans le cas où une obligation s'est formée au moyen de manœuvres frauduleuses. Le débiteur peut intenter contre le créancier de mauvaise foi l'action *de dolo*, afin de se libérer. S'il laisse écouler une année, délai passé lequel cette action est prescrite, et qu'il soit poursuivi par le créancier en paiement de son obligation, il pourra faire rejeter cette demande au moyen de l'exception *doli*. Or, cette exception est perpétuelle, c'est-à-dire qu'elle est opposable aussi longtemps que dure pour le créancier la possibilité d'intenter une action en paiement contre son débiteur.

On voit que cette maxime suppose, comme condition *sine quâ non*, un fait donnant à la fois au même débiteur, contre le même créancier et aux mêmes fins, un moyen d'action et subsidiairement un moyen d'exception.

Rien de tout cela n'existe dans notre espèce. L'argument qu'on veut nous opposer n'est donc nullement fondé.

A cette réfutation du système qui veut rendre l'obligation naturelle imprescriptible, nous n'ajouterons qu'une seule observation pour confirmer notre opinion. — La prescription est une institution d'utilité générale. Or, l'obligation naturelle peut bien subsister en violation d'un intérêt particulier, mais elle ne saurait être en opposition avec les intérêts sociaux qu'elle est appelée à faire respecter.

Il est donc bien établi que l'obligation naturelle isolée est prescriptible comme l'obligation civile. Ce n'est pas à dire, toutefois, que l'obligation prescrite soit absolument sans effet. Nous voyons effectivement que le débiteur qui s'est acquitté d'une obligation prescrite n'est pas admis à répéter.

Mais c'est là un effet de l'obligation morale qui est imprescriptible.

§ 2ᵐᵉ *Des effets de la prescription par rapport à l'obli-*
gation naturelle jointe à l'obligation civile

Comme l'obligation naturelle isolée, l'obligation basée sur
le droit des gens et sanctionnée par le droit civil est complétement éteinte par la prescription.

La prescription, avons-nous vu, détruit soit l'obligation
purement civile, soit l'obligation naturelle isolée. Il n'est pas
étonnant qu'elle anéantisse aussi l'obligation qui tient de l'un
et de l'autre.

Cette déduction fort logique, on le voit, n'est pas moins
juridique.

Nous voyons, en effet, que le cautionnement donné par un débiteur ignorant la prescription de sa dette est nul et de nul
effet : « *Si quis, postquam tempore transacto liberatus*
« *est, fidejussorem dederit, fidejussor non tenetur ; quo-*
« *niam erroris fidejussio nulla est* » (1).

S'il en est ainsi, c'est apparemment que la dette qu'on a
voulu cautionner a cessé d'exister. Au surplus, il faut que
le débiteur n'ait pas eu connaissance de la prescription de
l'obligation, car telle est exclusivement l'hypothèse prévue
par le jurisconsulte : *quoniam erroris fidejussio nulla est*.
La fidéjussion serait donc valable si elle était fournie en
connaissance de cause, car le débiteur serait censé avoir renoncé au bénéfice de la prescription, toute renonciation pouvant être ou expresse ou tacite.

Les adversaires de ce système nous opposent plusieurs

(1) L. 37, Dig. *De fidejussoribus.*

textes qu'ils prétendent décisifs en leur faveur. Nous allons scrupuleusement les passer en revue.

C'est d'abord un texte qu'on a l'habitude de traduire ainsi: L'action personnelle étant *prescrite*, le gage dure néanmoins: « *Intelligere debes vincula pignoris durare, personali* « *actione submotá* » (1).

Nous observerons que jamais l'expression *submotus* n'a voulu dire *prescrit*. — Il est ici question, non pas de prescription, mais de suppression d'action pour cause de plus pétition, de péremption d'instance, ou de restitution accordée à un mineur de 25 ans. — Dans toutes ces hypothèses, en effet, si l'obligation civile est détruite, il subsiste une obligation naturelle susceptible d'être cautionnée, soit par une fidéjussion, soit par un gage ; à plus forte raison le gage qui a été fourni primitivement subsiste-t-il au profit du créancier.

Mais que répondre à l'objection tirée d'une constitution de Justinien (2), où il est dit que l'action hypothécaire dirigée contre le débiteur ou contre ses créanciers dure quarante ans ; tandis que l'action personnelle ne dure que trente années. D'où l'on conclut que la prescription de l'action personnelle laisse subsister l'obligation naturelle, puisque le gage ne peut exister qu'à l'occasion d'une obligation au moins naturelle.

Dirons-nous, avec Donneau (3) et quelques autres, que le texte précité statue sur l'hypothèse où il y a une interruption de la prescription à l'égard de l'obligation personnelle ? Mais, dans une semblable espèce, la prescription de l'hypothèque n'est-elle pas aussi interrompue ? Et, alors, pourquoi ne pourrait-elle pas durer, au lieu du terme fixe de quarante ans à

(1) L. 2, Codice, *De luitione pignoris.*
(2) L. 7, § 2, *De præscriptione triginta, vel qua triginta annorum.*
(3) T. IX, p. 1201, édit. de Rome.

dater de sa formation, cinquante, soixante ans, ou moins de quarante ans, suivant l'époque à laquelle aurait un lieu cette interruption de la prescription ?

Pour comprendre le sens et la portée de ce texte il faut se rappeler que, dans le principe, le droit de gage était une véritable aliénation avec droit de réméré. La propriété était transférée au créancier ; il ne pouvait donc pas être question de la prescription de l'obligation résultant du gage.

En se plaçant à cette époque où la constitution d'un gage se faisait par une tradition, voici le sens de notre loi : — L'obligation considérée en elle-même et isolément est sujette à la prescription ; mais, garantie par la constitution d'un gage, elle devient imprescriptible et se conserve jusqu'à concurrence de la valeur de ce gage. Ainsi un *mutuum* est garanti par une constitution de gage dont la valeur n'égale pas le chiffre de l'emprunt. Au bout de trente ans, le prêteur ne peut plus poursuivre son emprunteur en vertu du *mutuum*. Mais au moyen du gage, dont tradition lui a été faite, il peut, à quelque époque que ce soit, se faire payer la valeur qu'il représente ; pour le surplus de sa créance, il y a prescription.

Plus tard, lorsque la constitution du gage s'effectue par le seul consentement, cette constitution a pour effet de conserver indéfiniment la dette jusqu'à concurrence de la valeur de la chose hypothéquée ; le débiteur est considéré comme un simple détenteur de cette chose. Du reste, comme depuis Justinien toutes les actions sont soumises à la prescription, on applique à ce cas l'une des plus longues prescriptions, celle de quarante ans.

On nous oppose enfin un dernier texte (1), suivant lequel

(1) L. 8, § 1, Codice, *De præscriptione XXX vel XL annorum.*

celui qui, de mauvaise foi, possède pendant trente ans l'im-
meuble d'autrui, a le droit d'en conserver la possession ; mais
s'il vient à la perdre, il n'aura pas la revendication qui sera
dévolue au propriétaire primitif. C'est la preuve, dit-on, que
la prescription n'a pas annihilé le droit préexistant.

Cela est vrai. Mais il faut remarquer qu'il s'agit ici de la
prescription de la propriété et qu'il est dangereux de procéder
par analogie. — Nous ajoutons qu'il s'agit d'un possesseur
de mauvaise foi ; qu'il en est différemment pour le possesseur de bonne foi ; qu'il faudrait faire la même distinction,
chose impraticable, en matière d'obligations. Les contestations
judiciaires, que la prescription a pour but de diminuer, se
multiplieraient à l'indéfini, et ainsi le remède serait pire que
le mal.

Pourquoi d'ailleurs Justinien établit-il une différence entre
la prescription de la propriété et la prescription des obligations? Pourquoi les obligations sont-elles toujours et irrévocablement anéanties par la prescription, tandis que la propriété survit à la prescription qui est fondée sur la mauvaise
foi ?

Pour expliquer cette distinction, on peut dire que Justinien
a vu dans l'abandon de la détention par celui qui aurait
acquis, de mauvaise foi, au moyen de la prescription trente-
naire, une sorte de renonciation à cet avantage. On peut dire
qu'il s'est laissé guider par cette pensée, plutôt que par l'idée
d'une prétendue propriété naturelle survivant à la prescription.

Du reste, si cette différence a véritablement existé dans
l'esprit de Justinien entre les deux sortes de prescriptions,
elle se justifie par la différence même de leur nature : l'une
est acquisitive, l'autre est libératoire.

Quoi qu'il en soit de ces diverses explications, il est cer-

tain que la prescription de quarante ans, dont parle Justinien,
s'applique au droit de propriété et non aux créances. Il ne
fait donc pas brèche à notre système : — La prescription ne
laisse pas survivre l'obligation naturelle à l'obligation civile.

SECTION V

DE LA CHOSE JUGÉE

C'est une question fort controversée que celle de savoir si
celui qui injustement obtient gain de cause, reste néanmoins
tenu d'une obligation naturelle.

Nous n'hésitons pas à nous décider en faveur de la négative.

Comme la prescription, la chose jugée éteint l'obligation
naturelle, et lorsqu'elle éteint l'obligation civile, elle ne
laisse subsister aucun lien naturel.

L'obligation naturelle est, nous le savons, le résultat, soit
d'une convention, soit d'un fait capable de produire certains
effets civils. Or, la sentence du juge a précisément pour effet
de mettre à néant l'obligation qui résulte de la convention ou
du fait invoqué.

Sans doute un jugement peut, dans certains cas, consacrer
une injustice. Mais, parce qu'une règle conduit parfois à
d'injustes conséquences, il ne s'ensuit pas qu'il faille la
modifier dans son principe ; il ne s'ensuit pas que la justice
doive reculer les barrières de son enceinte, au détriment de
l'intérêt général, pour satisfaire au droit d'un particulier qui
se prétend lésé. Qui ne sait que la justice sociale n'est point
la justice absolue ?

C'est un principe admis dans tous les temps, chez tous les peuples, et reconnu à Rome aussi, que la chose jugée en dernier ressort, comme la prescription, éteint tous les droits du créancier. Et précisément l'obligation naturelle appartient au droit des gens par son origine et au droit civil par sa sanction.

Voilà quelle est la solution de la question envisagée au point de vue des principes : — La chose jugée entraîne la déchéance de l'obligation naturelle.

Si maintenant, pour corroborer le bien-fondé de notre système, nous envisageons les conséquences de l'opinion contraire, nous voyons sans peine que l'idée d'un cautionnement, d'une novation, d'un constitut, en pareille occurrence, répugne à la raison.

Que le débiteur qui, malgré la sentence de libération prononcée par le juge, acquitte le montant de sa dette, ne puisse pas répéter ce qu'il a ainsi payé, nous ne le contestons pas. Le jugement ne saurait infirmer le devoir moral, et l'obligation de conscience suffit pour mettre obstacle à une demande en répétition.

Notre solution est éminemment juridique, quoi qu'en aient dit les partisans de l'affirmative.

Que décide le judex quand il absout ? Déclare-t-il que la convention invoquée manque des formes voulues pour former un contrat et n'a que la valeur d'un pacte, ou bien que la personne poursuivie n'était pas capable de s'engager civilement ? Rien de tout cela. Avec le système de la procédure romaine, le magistrat, en une semblable occurrence, aurait refusé l'action au demandeur ; il n'y aurait pas eu de sentence ; le procès n'eût pas été engagé.

La sentence de libération implique purement et simplement l'extinction ou l'inexistence de l'obligation.

4

Elle ne laisse point de place à l'obligation naturelle.

« *Res judicata pro veritate accipitur,* » dit le jurisconsulte.

Nous avons un texte plus formel encore, si c'est possible : « *Si a judice, quamvis per injuriam, absolutus sit debitor, tamen pignus liberatur* » (1). Si le gage est éteint, c'est que l'obligation principale est détruite et ne vaut pas même comme obligation naturelle ; car nous savons que l'obligation naturelle peut servir de fondement à la création d'un gage et, à plus forte raison, peut motiver son maintien.

On oppose assez généralement certains textes où il est dit que la répétition est interdite au débiteur qui s'est acquitté après une sentence de libération. Mais nous avons établi que l'exclusion de la *condictio indebiti* est un effet de l'obligation morale.

Les partisans de l'affirmative mettent encore en avant un texte qui prévoit l'espèce suivante (2): Un débiteur tue ou blesse l'esclave qu'il a donné en gage à son créancier. Le jurisconsulte se demande si ce dernier aura un recours à l'occasion de ce gage, alors qu'il ne peut intenter l'action personnelle résultant du contrat *quia forte ceciderat causa,* et il répond affirmativement. N'est-ce pas la preuve, dit-on, qu'alors même qu'un jugement rejette la demande du créancier, l'obligation naturelle persiste et le gage est maintenu ? Cette induction pourrait-être exacte, si les expressions *causa cadere* devaient s'entendre d'un jugement d'absolution. Mais elles se réfèrent uniquement à une nullité pour cause d'irrégularité dans la procédure, pour plus pétition, par exemple. Il n'y a pas alors une sentence absolutoire ; le procès

(1) L. 13, Dig. *Quibus modis pignus vel hypotheca solvitur.*
(2) L. 27, Dig. *De fidejussoribus et hypothecis.*

n'est pas examiné quant au fond. C'est la loi qui prononce une déchéance contre le demandeur ; et comme cette peine est toute de droit strict, il n'est pas étonnant qu'elle ne fasse point brèche à une institution du droit des gens.

SECTION VI

DE LA PRESTATION DE SERMENT

Lorsque les parties sont devant le magistrat pour la délivrance de l'action, ou même, après la *litis contestatio*, lorsqu'elles sont devant le *judex*, elles peuvent, tant que la sentence n'a pas été rendue, procéder à une transaction et détruire ainsi toute obligation, soit naturelle, soit civile.

Cette transaction n'est autre chose qu'une convention librement passée, librement exécutée ; et, à ce titre, elle ne laisse subsister à son encontre aucun lien juridique entre les parties qui ont transigé, sur le point qui a fait l'objet de la transaction.

Le serment, en tant qu'il est déféré par la partie, soit judiciairement, soit extrajudiciairement, est une véritable transaction. Aussi opère-t-il comme elle l'extinction complète de l'obligation tant naturelle que civile.

Dans divers fragments du Digeste, les jurisconsultes établissent un rapprochement entre l'autorité du serment déféré par les parties et l'autorité de la chose jugée. Toutefois, ils s'accordent tous à reconnaître plus d'énergie à la première. C'est ainsi qu'ils disent : « *Jusjurandum speciem transac-*

lionis continet; majoremque habet auctoritatem quam res judicata » (1).

On comprend qu'il en soit ainsi ; car la sentence du juge s'impose à des personnes qui n'ont pas consenti à la subir, tandis que la partie qui défère le serment s'en rapporte par avance à la foi jurée de la partie adverse. Le parjure même ne peut empêcher les effets du serment, ni en affaiblir la puissance. On ne saurait réclamer contre un fait nuisible auquel on a donné son adhésion par avance.

Quant au serment déféré par le juge, il n'a par lui-même aucune force. Il aboutit non pas à une transaction, mais à un jugement. Il ne lie même pas le juge qui peut y conformer ou non sa sentence : « *Solent enim sæpè judices in dubiis causis, exacto jurejurando secundum eum judicare, qui juraverit* » (2).

Nous sommes ainsi ramenés au cas où il y a chose jugée, et nous savons qu'alors l'obligation naturelle est éteinte. Enfin, il est bon de le remarquer, la partie adverse n'ayant pas elle-même déféré le serment n'est liée par aucune espèce de transaction et peut dès-lors établir la fausseté du serment.

SECTION VII

DE LA *capitis deminutio*

A Rome, celui qui est libre, citoyen romain et *sui juris* est revêtu de la *summa capacitas*, du *summum caput*. Il a le *dominium ex jure quiritium*. Il devient créancier et débi-

---

(1) L. 2,, Dig. *De jurejurando.*
(2) L. 31, Dig. *De jurejurando.*

teur dans toute la force du terme, par tous les moyens civils.

L'esclave, au contraire, est dépourvu de toutes les conditions requises pour être créancier ou débiteur.

Entre ces deux extrêmes, il y a des degrés que les jurisconsultes romains ont analysés et définis. Prenant pour point de départ la capacité pleine et entière, ils ont appelé *capite minutus* celui qui ne l'avait pas et ils ont dit qu'il y avait pour lui *capitis deminutio minima, media* ou *maxima*, suivant qu'il perdait sa qualité de *sui juris*, de citoyen romain ou d'homme libre.

Ces diverses modifications dans l'état d'une personne exerçaient une influence considérable sur la valeur des obligations contractées d'après les règles du droit propre aux Romains.

Du reste, l'effet de ces *capitis deminutiones* était différent, suivant qu'il s'agissait de la *minima*, de la *media* ou de la *maxima deminutio*.

Spécialement pour notre sujet, comme la *maxima*, la *media capitis deminutio* détruisait l'obligation naturelle aussi bien que l'obligation civile.

On comprend qu'il en soit de la sorte ; car si les *peregrini* pouvaient s'obliger naturellement par une convention, c'est qu'ils connaissaient leur état au moment où ils s'obligeaient, c'est qu'ils contractaient en parfaite connaissance de cause. Ils savaient quelles ressources leur étaient accordées, quels recours on avait contre eux, ou du moins ils étaient présumés le savoir. — Tout autre est notre espèce :

Deux citoyens contractent ; ils calculent d'après leur capacité du moment. Plus tard, avant l'exécution de leur engagement, l'un d'eux devient *peregrinus*. Dès-lors, les moyens d'exécution ont changé, les conditions qui avaient déterminé le consentement des deux parties ont cessé d'exister. Les parties contractantes ne sont vraiment plus les mêmes. En un

mot le consentement est anéanti. Il n'est donc pas étonnant
que l'engagement soit annulé et ne laisse place ni à l'obligation
civile ni à l'obligation naturelle.

Telle est la doctrine des jurisconsultes romains qui pronon-
cent en pareil cas l'extinction de la fidéjussion : « *Si debitori
deportatio irrogata est, non posse pro eo fidejussorum
accipi, scribit Julianus, quasi tota obligatio contra eum
extincta sit* » (1).

Si un fidéjusseur ne peut pas garantir l'obligation de ce
débiteur, c'est qu'évidemment, en effet, elle ne vaut pas
même comme obligation naturelle.

Remarquons que la dette n'est pas éteinte objectivement,
comme dans le cas de paiement, par exemple. Il y a seulement
libération pour le débiteur *capite minutus*, ce qui est bien
différent : « *Cum duo eamdem pecuniam debent, si unus
capitis deminutione exemptus est obligatione, alter non
liberatur ; multum emin interest, utrum res ipsa solvatur,
an persona liberetur, cum persona liberetur, manente
obligatione, alter durat obligatus* » (2).

On le voit, l'effet de la *media capitis deminutio* est analogue à celui du pacte de remise quand il est personnel.

Faut-il assimiler, comme l'ont fait quelques auteurs, le cas
de la *capitis deminutio* à celui de la confusion ? Nous comprenons cette assimilation de la part de ceux qui veulent voir
dans la confusion une extinction de la dette, au moins subjectivement. Mais, à nos yeux, une différence essentielle existe
entre l'un et l'autre cas. Nous avons montré effectivement
que l'obligation n'est pas détruite par la confusion, et qu'elle
produit tous ses effets, sans avoir besoin de se reformer à

---

(1) L. 47, Dig. *De fidijussoribus.*
(2) L. 19, Dig. *De duobus reis.*

nouveau, par le simple rétablissement de la séparation des patrimoines du créancier et du débiteur. Les effets de l'obligation sont seulement suspendus par la réunion momentanée, sur une même personne, des deux qualités incompatibles de créancier et de débiteur.

Quand le débiteur, au contraire, devient *capite minutus*, ce n'est pas l'exercice du droit qui est suspendu pour un temps, c'est le droit lui-même qui est détruit.

La raison de cette différence est facile à saisir. Dans le premier cas, il y a une simple impossibilité de fait qui ne touche en rien au droit lui-même. Dans le second, il y a une impossibilité juridique, une incapacité dont l'existence seule, ne fût-elle que d'un instant, suffit pour faire disparaître l'obligation déjà née.

Quant à la *minima capitis deminutio*, elle opère bien une modification dans l'état d'une personne, mais ce changement a lieu par la volonté même de celui qui le subit. On ne peut donc pas dire que le consentement soit vicié ; il manque seulement des conditions requises par le droit civil proprement dit. Dès-lors extinction de l'obligation purement civile, mais maintien de l'obligation naturelle, tel est l'effet produit : « *Ili qui capite minuuntur, ex his causis, quæ capitis deminutionem præcsserunt, manent obligati naturaliter* » (1).

Remarquons en outre que si, d'après le *jus romanum*, la *copitis deminutio minima* entraînait la déchéance des dettes, en tant que civiles, elle laissait subsister les créances. C'est ainsi que les créances de l'adrogé passaient à l'adrogeant. (2)

---

(1) L. 2, § 2, Dig. *De capite minutis.*
(2) M. Pellat, Textes sur la dot, page 50.

SECTION VIII

DE LA CESSION DE BIENS

Avant de clore ce chapitre pour aborder l'étude des différents cas dans lesquels l'obligation naturelle prend naissance, il nous reste à parler succinctement d'un fait qui a pu être considéré comme étant un mode d'extinction des obligations. Nous voulons parler de la cession de biens.

Le débiteur qui a fait abandon de ses biens à ses créanciers ne peut pas être poursuivi par eux pour le reste de sa dette. De là des auteurs ont conclu qu'il y avait extinction de l'obligation.

En apparence, on semble fondé à dire que, pour le complément de son obligation, le débiteur est entièrement libéré ; mais, en réalité, il n'en est rien, et nous voyons que si, depuis la cession, il acquiert de nouveaux biens, il pourra être actionné en vertu de la convention même qui a fait naître sa dette. Malgré la cession de biens, l'obligation subsiste donc telle qu'elle était dans le principe ; elle demeure civile si elle était civile, naturelle si elle était naturelle.

La solution donnée à cette première question s'oppose, on le voit, à la position même de cette question subsidiaire, celle de savoir si la cession de biens, en détruisant l'obligation civile, laisse subsister un lien naturel.

CHAPITRE IV

DES CAS DANS LESQUELS SE RENCONTRE L'OBLIGATION NATURELLE

L'obligation naturelle peut être originaire ou dérivée : originaire, quand elle prend naissance entre personnes qui ne sont pas ou ne sont plus entre elles dans les rapports de créancier à débiteur ; dérivée, quand elle succède à l'obligation civile, ainsi que cela se produit à la suite d'une *minima capitis deminutio* subie par un débiteur civil. C'est même, à notre idée, le seul cas où l'obligation naturelle survit à l'obligation civile. Nous en avons déjà parlé. Restent les modes originaires de l'obligation naturelle qui peuvent être, soit le pacte, convention dépourvue des formes exigées par le *jus civile* pour constituer un contrat, soit même le contrat ou le quasi-contrat, quand il est passé par une personne réputée incapable de s'obliger civilement.

SECTION I

OBLIGATIONS NATURELLES TENANT A L'INOBSERVATION DES FORMES EXIGÉES POUR CONSTITUER L'OBLIGATION CIVILE

« *Nuda pactio obligationem non parit, sed parit excep-*
« *tionem,* » dit Ulpien (1). Ce qu'il faut se garder de tra-

_____

(1) L. 7, § 4, Dig. *De pactis.*

duire : « Le pacte nu n'engendre pas d'obligation... » Nous
savons, en effet, que les jurisconsultes romains emploient très-
souvent le mot *obligatio* comme synonyme d'*actio*. Du reste,
si le pacte n'engendrait pas l'obligation, comment fournirait-
il une exception?

Ainsi le pacte nu donne naissance à l'obligation naturelle,
non-seulement dans le cas spécial où il intervient pour des
intérêts à prester, « *si pactum nudum de præstandis usuris*
« *interpositum sit, nullius est momenti, actio non nas-*
« *citur* (1), » mais encore dans tous les autres cas d'une
façon générale: *nuda pactio parit exceptionem.* »

Il ne faut pas croire que cet effet du pacte nu, l'impossibilité de produire une action, découle du droit des gens. Nous
lisons dans un passage de Paul : « *Ex nudo pacto inter*
cives romanos actio non nascitur, » expressions qui ne
laissent aucun doute sur l'application de cette règle, et qui
font induire *a contrario* que les *peregrini* s'obligeaient civilement à Rome au moyen d'un pacte nu, si les lois de leur
pays admettaient les obligations formées *solo consensu*.

Exclusivement renfermée dans le domaine du droit civil
quant à son application, ce principe, comme l'institution de
l'obligation naturelle, a pourtant son origine dans le *jus*
gentium; il est soumis à ses règles et échappe complétement
au rigorisme du droit civil. Il repose sur la bonne foi et
l'équité. Et tandis que Papinien nous dit que l'obligation
naturelle *solo vinculo æquitatis sustinetur* (2), nous lisons
ailleurs, « *is natura debet, quam jure gentium dare*
oportet, cujus fidem secuti sumus » (3). Or la *fides* et l'*æ-*
quitas sont essentiellement du droit des gens.

---

(1) Sentences de Paul, liv. II, tit. XIV, § 1.
(2) L. 95, § 4, Dig. *De solut.*
(3) L. 84, § 1, Dig. *De reg. jur.*

Ce principe, que le simple pacte fait naître une obligation naturelle, a été vivement attaqué de tout temps; mais il a trouvé aussi de savants défenseurs, tels que Doneau (1) et, plus récemment, M. de Savigny (2).

Le texte principal sur lequel se fondent les partisans de la négative est une décision d'Ulpien. Ce jurisconsulte prévoit le cas où quelqu'un, interrogé en la forme de la stipulation, répond par un signe de tête, *sine verbis adnuit* (3), et il déclare que ni l'obligation civile, ni l'obligation naturelle n'a pu prendre naissance. Pourtant, dit Unterholzner (4) et avec lui ses partisans, ne rencontre-t-on pas dans cette convention tout ce qui est nécessaire pour constituer le pacte, le *duorum pluriumve, in idem placitum, consensus?*

C'est précisément là qu'est l'erreur. Il n'y a pas accord de volontés entre celui qui a interrogé par des paroles et celui qui a répondu par un signe de tête. L'un a eu en vue une stipulation et pas autre chose; il a cherché à faire naître une obligation civile. L'autre, au contraire, a fait son possible pour n'être engagé qu'en vertu d'une convention dépourvue d'action et pour échapper ainsi aux poursuites de son créancier. La volonté de ce dernier n'a pas pu, mieux que celle du stipulant, recevoir son effet, puisqu'elle lui était contraire. L'obligation naturelle n'a pas pu se constituer.

On objecte que l'obligation la plus faible se trouvant comprise dans l'obligation la plus forte, celui qui cherche à rendre quelqu'un son obligé civilement veut, à plus forte raison, en faire son débiteur naturel, et qu'ainsi l'accord des deux

(1) *De jur. civ.* liv. XII, ch. 1, § 6 et 7.
(2) § 9, p. 53 et suiv.
(3) L. 1, § 2, Dig. *De verb. oblig.*
(4) Lehre des R. R. von den Schuldverh, t. 1, § 23.

volontés existe bien réellement jusqu'à concurrence de l'engagement le plus faible.

Nous reconnaissons la vérité du principe, mais nous critiquons l'application qu'on en fait à l'espèce. Nous comprenons très-bien que celui qui stipule dix sous d'or soit censé en stipuler au moins cinq (1), et devienne créancier des cinq qu'on lui promet. Mais nous ne saurions admettre le raisonnement *a pari* qu'on fait dans notre espèce. Il n'y a, effectivement, aucune analogie entre l'un et l'autre cas. Dans l'un, il s'agit de sommes, de quantités ; or il est incontestable qu'une quantité moindre est toujours comprise dans une quantité plus grande. Dans l'autre, on se trouve en présence de deux obligations différentes par leur nature, de deux volontés ne se rencontrant ni sur l'une ni sur l'autre de ces deux espèces d'obligations.

On tire encore un argument contre notre système de la contradiction apparente de deux textes : — « *Naturalis* « *obligatio, ut pecuniæ numeratione, itâ justo pacto, vel* « *jurejurando, ipso jure tollitur..... Ideoque fidejussor,* « *quem pupillus dedit, ex istis causis liberari dicitur* » (2).

« *Pactus, ne peteretur, posteà convenit, ut peteretur :* « *prius pactus per posterium elidetur; non quidem ipso* « *jure... et ideo replicatione exceptio elidetur* » (3).

Si le demandeur a besoin d'une réplique pour écarter l'exception du pacte opposée par le débiteur, comment admettre que le premier pacte ait fait naître une obligation naturelle, puisque le pacte a pour résultat de détruire, *ipso jure*, l'obligation naturelle.

---

(1) Telle est la décision de Paul et d'Ulpien.
(2) L. 93, § 4, Dig. *De solut et oblig.*
(3) L. 27, § 2, Dig. *De pactis.*

Il faut se garder de jouer sur les mots. Qu'entend le juris-consulte par cette extinction *ipso jure* de l'obligation naturelle qui est le résultat d'un simple pacte? Veut-il dire que le créancier n'a pas d'action pour poursuivre en paiement son débiteur naturel? Mais cette exclusion de l'action existe indépendamment de tout pacte, alors même que l'obligation naturelle est parfaitement valable.

Cette expression : extinction *ipso jure*, se réfère à cette autre idée que le créancier naturel, qui actionne son débiteur en reconnaissance de sa dette, après lui avoir consenti un pacte de remise, se trouve déchu de sa demande par le seul fait de la part du débiteur d'exciper de ce pacte. Ainsi le *ipsum jus*, en matière d'extinction d'obligation naturelle, n'exclut pas la nécessité d'une exception. Dès-lors il n'y a rien de contradictoire entre nos deux textes, qui emploient simplement la même expression dans deux sens différents.

Ajoutons que le créancier qui renonce à poursuivre son débiteur éteint un engagement bien mieux qu'il n'en fait naître un nouveau. Il n'est donc pas exact de qualifier d'obligation cet anéantissement d'un droit. — L'engagement qu'on prend de ne pas faire quelque chose peut bien constituer une obligation, mais seulement quand cet engagement fait sortir du droit commun et non pas quand il y fait rentrer.

Nos adversaires tirent une dernière objection des règles qui gouvernent les contrats innommés et les pactes de donation. — Le contrat innommé, disent-ils, ne constitue pas une obligation naturelle. Puisque le parti qui a rempli ses engagements peut répéter, soit au moyen de la *condictio ob causam non secutam,* soit au moyen de la *condictio ex merâ pœnitentiâ.*

Le pacte de donation ne fait pas non plus naître une obligation naturelle. Puisque le donateur peut user de la con-

dictio indebiti, quand il a payé à la suite d'une promesse, à plus forte raison le peut-il quand il a payé en vertu d'une simple convention.

Or, ajoute-t-on, tous les pactes, ou du moins presque tous, rentrent dans l'une ou dans l'autre de ces deux catégories.

Ou bien la convention a trait à des prestations réciproques, ou bien elle n'a en vue qu'une libéralité. Donc les pactes ne sont pas une source d'obligations naturelles.

Tout d'abord, faisons remarquer qu'en dehors de ces deux sortes de pactes, il en existe en grand nombre ; et pour n'en citer qu'une seule espèce féconde en application, toutes les conventions intervenues en dehors du droit civil et à titre onéreux, engendrant des engagements unilatéraux, constituent des obligations naturelles.

Cela dit, abordons maintenant les deux difficultés qui nous sont présentées, et voyons premièrement si les contrats innommés ne produisent pas une obligation naturelle.

Celui qui exécute les engagements qu'il a pris dans un contrat innommé, peut répéter, si l'autre se soustrait à son obligation, cela est vrai ; mais, remarquons-le, ce n'est pas au moyen de la *condictio indebiti*. Il ne prétend pas avoir fourni une chose qu'il ne devait pas. Voici ce qu'il dit à son débiteur : « Nous avons pris un engagement par lequel nous avons contracté des obligations réciproques, mais naturelles, et par conséquent dépourvues de sanction directe. Je me suis acquitté de bonne foi et vous refusez d'exécuter vos engagements; n'ayant aucun moyen pour vous contraindre à les effectuer, je vous poursuis en restitution de ce que je vous ai donné. J'en ai le droit, car je n'étais obligé que conditionnellement, et par votre faute la condition a défailli. »

On sait, en effet, que la *condictio ob causam non secutam* a précédé l'action *præscriptis verbis*; qu'elle était, dans le

principe, le seul recours accordé à celui qui s'exécute volontairement. On comprend, d'ailleurs, combien ce recours était
juste et utile : juste, car la bonne foi de l'un ne saurait le livrer
sans garantie à la merci de l'autre ; utile car si le plus diligent
à exécuter ses engagements devait s'exposer à voir son propre
droit déchu, personne ne consentirait à prendre les devants,
et les contrats innommés seraient complétement illusoires.

Plus tard, l'action *præscriptis verbis* fut accordée, mais la
condictio ob causam non secutam avait encore son utilité,
car celui qui le premier livrait la chose qu'il était convenu de
donner, ne s'était peut-être exécuté qu'en vue de recevoir en
échange la chose qu'on avait promis de lui livrer. Devant
l'obstination de son débiteur, il était juste de lui laisser le
choix entre une indemnité et la possibilité de reprendre sa
propre chose.

Il peut néanmoins paraître étonnant que les contrats innommés soient pourvus d'un moyen de sanction qu'on ne
retrouve nulle part ailleurs. Cette différence entre les contrats proprement dits et les contrats innommés, s'explique par
la nature différente des obligations qu'ils engendrent. —
Nous savons que la condition purement potestative est interdite dans les stipulations. Au contraire, toutes les obligations
qui ont leur source dans les contrats innommés sont soumises à une condition potestative. Il importait donc de remédier à l'incertitude de l'accomplissement d'une telle condition.

Quant à la répétition basée sur la faculté de se rétracter
suivant son bon plaisir, que les commentateurs appellent
condictio ex merâ pœnitentiâ, si elle existait à l'occasion
de tout contrat innommé, ce serait un puissant argument
contre nous ; car si l'on peut revenir sur une décision prise,
indépendamment du cas où l'un des deux obligés refuse d'accomplir ses engagements et lorsque les choses ont cessé d'être

entières, c'est que le pacte n'est vraiment pas une source d'obligations naturelles.

Mais il faut remarquer que tous les textes où il est question du *jus pœnitendi*, se réfèrent à une hypothèse unique, celle d'une dation faite en vue d'obtenir un affranchissement. Or c'est là une espèce toute particulière qui fait exception, et à juste titre, puisqu'on se trouve en présence d'une personne qui a été mue par une idée de bienfaisance, et qui n'a retiré aucun avantage pécuniaire du sacrifice qu'elle a fait. Ainsi le *jus pœnitendi*, n'est accordé en général qu'en vue de la faveur exceptionnelle due au don de la liberté.

Un seul texte (1) prévoit le cas où il s'agit d'un contrat intéressé de part et d'autre et dans lequel il y a lieu pourtant d'accorder le *jus pœnitendi* : « *Si pecuniam ideo acceperis* « *ut Capuam eas, deindè parato tibi ad proficiscendum* « *conditio temporis, vel valetudinis impedimento fuerit* « *quominùs proficisceris, an condici possit videndum. Et* « *cùm per te non steterit, potest dici repetitionem cessare.* « *Sed cum liceat pœnitere et qui dedit, procul dubio* « *repetetur id quod datum est.* »

On voit que cette espèce se rapproche sensiblement du mandat, qui est essentiellement révocable. Il n'est donc pas étonnant que le jurisconsulte applique à ce cas particulier les règles du mandat. Du reste, c'est là une disposition toute spéciale qu'il faut se garder de généraliser. Le principe que le pacte nu engendre une obligation naturelle n'en subsiste pas moins comme règle générale.

Nous arrivons enfin à une dernière difficulté : « *Indebitum* « *solutum accipimus, non solùm si omnino debebatur,* « *sed et si per aliquam exceptionem : quare hoc quoque*

___

(1) L. 5, pr. Dig. *De conditione causà datà non secuta.*

« *repeti poterit, si quis perpetuâ exceptione tutus solve-*
« *rit. Undè si quis contrâ legem Cinciam obligatus non*
« *excepto solverit, debuit dici repetere eum posse* » (1).

Ainsi l'on peut agir par la *condictio indebiti*, quand on a
livré ce qu'on est convenu de donner à une personne exclue
par la loi Cincia. Faudrait-il en conclure que le pacte n'engendre pas une obligation naturelle?

Notre réponse est bien simple : La *condictio indebiti* est
aussi accordée à celui qui s'est acquitté d'une dette résultant
d'une stipulation contraire à la loi Cincia, et pourtant l'on ne
peut pas dire que la stipulation n'est pas une source d'obligations.

D'ailleurs, il est facile de s'expliquer l'application de la
condictio indebiti, dans notre espèce. D'une part, la loi
Cincia défend de donner au-delà d'un certain chiffre aux
personnes étrangères, et même aux parents collatéraux au-delà
du cinquième degré. Cette disposition du droit civil est munie d'une sanction imprescriptible. D'autre part, on ne peut,
par des conventions, contrevenir à la loi. Toute stipulation,
tout pacte qui interviendrait en violation de la loi Cincia serait
donc nul, et les obligations qui en ressortent d'ordinaire,
tomberaient devant l'exception tirée de cette loi édictée dans
un but d'intérêt général.

_____

(1) § 266, *Fragmenta vaticana.*

5

SECTION II

OBLIGATIONS NATURELLES TENANT A L'INCAPACITÉ DES CONTRACTANTS

Nous avons démontré que les pactes nus sont une source et une source féconde d'obligations naturelles.

Nous passons maintenant à l'étude de la seconde source originaire des obligations naturelles : l'incapacité des parties contractantes.

L'âge, certaines causes d'affaiblissement moral, certains rapports de famille produisent cette incapacité. Nous parlerons successivement de la condition du fils de famille, de l'esclave, du pupille, du mineur de 25 ans, du prodigue et du fou.

§ 1er Fils de famille

Les personnes *alieni juris*, fils de famille ou esclaves, considérées dans leurs rapports avec le *paterfamilias*, ne pouvaient contracter des obligations civiles. Nous examinerons plus loin la question de savoir s'ils s'obligeaient naturellement.

Mais considérées dans leurs rapports avec les étrangers, quelle est la condition de capacité des personnes *alieni juris* ? Faut-il décider de même pour l'homme libre et pour l'esclave ? Ou, au contraire, ne faut-il pas distinguer entre l'un et l'autre, et dire que le fils de famille qui contracte avec un étranger s'oblige civilement, tandis qu'aucun lien civil ne peut engager personnellement l'esclave, bien qu'il promette en son propre nom ?

Cette différence ne tient pas d'ailleurs à ce que l'un est libre et l'autre esclave ; elle a une autre cause. Le fils de famille, à Rome, est en quelque sorte le copropriétaire, le *particeps* des biens du *paterfamilias*. L'esclave ne participe pas à cette copropriété : rien n'est à lui. Sur le pécule même qui lui fut accordé dans la suite, il n'a qu'un droit de jouissance et d'administration, droit précaire que le maître peut lui retirer quand il lui plaît et dont il règlemente l'étendue comme il lui convient. Il est vrai qu'au temps des jurisconsultes le fils de famille lui-même était hors d'état de se constituer un patrimoine. Mais, dès le principe, il fut considéré comme ayant un certain droit sur les biens de son père ; quand il lui succédait, on le regardait plutôt comme se succédant à lui-même et on l'appelait *heres suus*, tandis que l'esclave n'était qu'un *heres necessarius*.

Quand nous disons que le fils de famille s'oblige civilement envers tout étranger, il faut ajouter que les effets de son obligation civile, en tant que moyens d'exécution, sont suspendus tant qu'il reste *alieni juris*. — D'une part, en effet, n'ayant pas de patrimoine distinct, le fils de famille ne peut pas être soumis à la *pignoris capio*. D'autre part la *manus injectio* aurait porté atteinte aux droits inviolables de la puissance paternelle. Il eût été contraire à l'institution de la famille qu'un fils ou qu'une fille pût, par son propre fait, se soustraire à la puissance de son père. « *Filiafamilias, si, invito vel* « *ignorante patre, servo alieno se junxerit, etiam post* « *denuntiationem statum suum retinet, quia facto filio-* « *rum pejor conditio parentum fieri non potest* (1). »

_____
(1) Paul, sent., liv. XXI, t. XXII, a, § 9.

Cette suspension du droit du créancier ne porte aucune atteinte à sa force et à son effet postérieur. Le fils de famille est un débiteur civil; il peut même être actionné pendant qu'il est encore en puissance, et être condamné à fournir une reconnaissance de son obligation.

Gaïus exprime cette idée quand il dit : « *filiusfamilias ex* « *omnibus causis tanquam paterfamilias obligatur; et* « *ob id agi cum eo, tanquam cum patrefamilias potest.* »(1) Il faut avoir soin de ne pas exagérer la portée de ces expres_ sions : *cum filiofamilias tanquam cum patrefamilias agi potest.* Ainsi que nous venons de le voir, tant que le fils de famille est encore en puissance, on peut bien l'actionner en reconnaissance de sa dette, mais on ne peut en poursuivre l'exécution ni sur ses biens, ni sur sa personne.

Jusqu'ici nous avons parlé exclusivement du *filiusfamilias.*

Faut-il raisonner de même pour la *filiafamilias ?* Malgré l'incertitude où nous laissent les textes à cet égard, il y a de bonnes raisons pour décider négativement, si l'on se place à l'époque où les femmes *sui juris* étaient soumises à une tutelle perpétuelle.

Mais à l'époque des jurisconsultes, notamment au temps d'Ulpien, qui étend à la *filiafamilias* la protection du sénatus-consulte macédonien, la tutelle perpétuelle des femmes était tombée en désuétude, et nous décidons, sans hésiter, qu'à dater de cette époque et d'une façon générale, la *filiafamilias* fut assimilée au *filiusfamilias*, quant à la capacité de contracter.

Ainsi les personnes soumises à la *patria potestas*, sans distinction de sexe, s'engagent civilement par leurs contrats.

_____

(1) L. 39, Dig. De *obligationibus.*

Tel est le principe ; principe qui reçut, à dater de Vespasien (1), une notable exception consacrée par la prohibition du sénatus-consulte macédonien.

Ce sénatus-consulte fut rendu dans le double but de sévir contre les usuriers qui favorisaient la débauche des fils de famille, et de pourvoir à la sécurité du *parens*. Théophile nous dit même qu'il fut voté à l'occasion d'un parricide dont se serait rendu coupable un jeune romain du nom de *Macedo*.

La prohibition qu'il édictait avait trait au prêt d'argent comptant, soit réel, soit déguisé. La sanction en était la nullité de l'obligation civile, mais non la déchéance complète des droits du prêteur. Si l'emprunteur, devenu *sui juris*, rendait la somme prêtée, il n'était pas recevable à répéter ; s'il donnait un objet en gage pour garantie de sa dette, il pouvait être actionné jusqu'à concurrence de la valeur de ce gage. En d'autres termes le sénatus-consulte macédonien laissait subsister l'obligation naturelle *(naturalis obligatio manet)*, mais enlevait toute action au prêteur, à l'effet de se faire restituer la somme prêtée.

Du reste, le fils de famille ne pouvait se prévaloir des dispositions de la loi, s'il avait un pécule *castrens*, s'il s'était fait passer pour un *paterfamilias*, s'il avait emprunté de l'aveu du père ou dans l'intérêt de ce dernier.

On le voit, il était souvent difficile pour le magistrat d'apprécier s'il y avait eu vraiment violation du sénatus-consulte. Aussi le magistrat accordait-il fréquemment une action au créancier demandeur, au lieu de la lui dénier. Mais alors il avait

---

(1) Suétone, Vespas. ch. XI. — Tacite, ann. XI-13, nous apprend que, sous Claude, avait été portée une loi interdisant au fils de famille d'emprunter, ce qui permet de supposer que la loi rendue par l'empereur Claude fut reproduite, sans doute avec des modifications, sous l'empire de Vespasien.

le soin d'insérer dans la formule l'exception tirée du sénatus-consulte, laissant au juge le soin d'examiner s'il y avait eu vraiment violation de la loi.

Telle est l'idée générale qu'on peut se faire du sénatus-consulte macédonien. Et maintenant voyons en détail quelle en est la portée, quelle en est l'application.

Celui qui, devenu *sui juris*, acquitte la dette qu'il a contractée contrairement aux dispositions du sénatus-consulte, a bien et valablement payé ; il ne peut même pas répéter, s'il a payé lorsqu'il était encore en puissance. D'ailleurs, comme il n'a pu transférer une propriété qu'il n'avait pas, le *pater-familias* peut revendiquer les espèces comptées par son fils, tant qu'elles n'ont pas été consommées. Jusque-là pas de difficulté.

Mais si les valeurs payées ont été consommées, le père, à défaut de revendication, a-t-il la ressource d'une *condictio ?* La solution de cette question divise aujourd'hui les commentateurs. Elle avait sans doute aussi divisé les jurisconsultes romains, car nous voyons à ce sujet deux décisions rapportées par Ulpien : l'une de Julien, l'autre de Marcellus, qui semblent être contradictoires, et qui, dans tous les cas, dénotent les tendances diverses des deux jurisconsultes.

Julien fait deux espèces (1). — L'une est spéciale : elle a trait au cas où le fils de famille rembourse une somme empruntée, avec de l'argent qui lui a été donné à cet effet. Il est alors considéré comme simple intermédiaire. Le paiement est valable. La propriété de la somme est censée passer directement du donateur au créancier. — La seconde espèce est générale ; elle comprend tous les cas où le remboursement

_____

(1) L. 9, § 1, Dig. De senat. macel.

du prêt est fait par le fils de famille avec de l'argent qu'il a reçu sans qu'aucune destination ait été spécifiée. Ici le père, déchu du droit de revendication, si nous supposons que les valeurs ont été consommées, a le recours de la *condictio*. La raison en est, dit le jurisconsulte, que le fils ne peut disposer des valeurs qui lui ont été livrées sans destination.

Marcellus, au contraire, refuse la *condictio* au père de famille. Ulpien nous en donne le motif : la *condictio*, dit-il, n'est accordée que contre celui qui, dans le cas où il serait devenu propriétaire au moment même du paiement, se trouverait par ce fait soumis à une action, celle de dol, par exemple ; ce qui n'a pas lieu dans l'espèce.

Il n'y a là que l'apparence d'une contradiction, si l'on admet, ainsi qu'on doit le faire suivant Doneau, Pothier (1) et Unterholzner (2), que Marcellus supposait un prêteur de bonne foi, tandis que Julien avait en vue un prêteur de mauvaise foi.

On fait la même distinction dans le cas d'une aliénation opérée par un pupille sans l'*auctoritas tutoris*.

Nous savons que l'obligation naturelle, quel qu'en soit le mode générateur, entraîne toujours après elle tous les effets qui sont inhérents à cette sorte d'obligation. Si nous faisons l'application de cette règle à notre espèce, nous voyons en effet que le fils de famille qui a emprunté contrairement aux prohibitions du sénatus-consulte macédonien, peut donner à son engagement la force d'une obligation civile, soit par la ratification, soit par le constitut, soit par la création d'un gage ou d'une hypothèque ; pourvu que cette ratification, ce constitut, cette création d'un gage ou d'une hypothèque,

(1) Pandect. Justin. ad tit. De senat. maced., n° 15.
(2) T. 1, p. 140, note m.

intervienne quand le contractant, devenu *suis juris*, se trouve affranchi de la protection du sénatus-consulte ; autrement tous ces engagements postérieurs n'auraient pas d'autre valeur que le premier.

Mais un tiers peut utilement fournir un gage ou une hypothèque, alors même que l'emprunteur est encore *in patriâ potestate*. Ce tiers est obligé civilement ; il est soumis à une action.

De même une tierce personne peut cautionner un tel engagement, et tomber ainsi sous le coup des poursuites du préteur.

Toutefois, comme il eût été facile d'éluder la loi, si le fils de famille, cautionné par un tiers, avait été soumis au recours de ce dernier, poursuivi lui-même par le créancier, et comme il eût été injuste, d'autre part, de laisser le fidéjusseur qui a payé, sans recours contre le débiteur principal, on permit à la caution actionnée par le créancier, d'exciper du sénatus-consulte macédonien qui est en effet, nous le voyons dans les textes, rangée parmi les exception *rei cohærentes* (1).

Ulpien nous fait observer que le fidéjusseur ne jouit pas de ce bénéfice s'il est intervenu *animo donandi*. Comme il n'aurait alors aucun recours à exercer contre le débiteur principal, il pourrait être, à juste titre, contraint de payer au préteur le montant du prêt, s'il a cautionné pour la totalité, et, dans tous les cas, jusqu'à concurrence de la quotité de son propre engagement.

Le jurisconsulte ajoute que l'*animus donandi* peut exister, soit au moment où intervient le fidéjusseur, soit même lors du paiement qu'il effectue. C'est ce qui fait dire qu'il n'y a pas lieu pour lui à répétition. On comprend très-bien, en effet, qu'il puisse se prévaloir de l'exception *rei cohærens* du séna-

_____

(1) L. 7, § 1, Dig. *De except.*

tus-consulte macédonien ; mais on ne saurait admettre que son engagement fût moins solide, d'un effet moins puissant que celui du fils de famille lui-même, auquel la répétition est interdite.

Ainsi le fidéjusseur qui a payé sans invoquer le sénatus-consulte macédonien ne peut pas répéter. Mais a-t-il un recours contre le fils de famille ? Quelques auteurs le soutiennent d'une façon absolue. Ils se basent sur ce que le mandat donné par le fils en puissance est parfaitement obligatoire, et ils accordent au fidéjusseur l'action *mandati.* Mais ils ne prennent pas garde que, pour qu'il en soit ainsi, il faut que le mandat soit licite (1). Or Ulpien n'admet en principe le *mandatum* comme *licitum*, qu'autant que le prêt cautionné ne tomberait pas sous l'application du sénatus-consulte.

Du reste, il suffit que le fidéjusseur soit de bonne foi, pour avoir droit à ce recours ; car alors le mandat est parfaitement licite de son côté.

Remarquons enfin que celui qui jouit de l'exception tirée du sénatus-consulte macédonien, comme de celle tirée du sénatus-consulte velléien, peut l'invoquer même après la condamnation obtenue contre lui, lorsque le créancier demandera l'exécution de cette condamnation, au moyen de l'action *judicati.* — C'est là une règle toute spéciale, créée en faveur de ces deux exceptions, et qui ne saurait s'étendre à d'autres. La manière dont s'exprime le jurisconsulte Ulpien, à cet égard, en est la preuve (2).

Puisque nous avons parlé du sénatus-consulte velléien, il n'est pas superflu de montrer en quoi il diffère du sénatus-consulte macédonien au point de vue de l'obligation naturelle

(1) L. 12, § 13, Dig. Mandat.
(2) L. 11, n° XXI.

Le but du sénatus-consulte velléien, rendu sous Claude, l'an 700 de l'ère romaine, fut de protéger la femme contre sa propre faiblesse et son inexpérience des affaires, en la déclarant incapable d'intercéder pour autrui.

Mais, à la différence du sénatus-consulte macédonien qui laissait subsister pour le fils de famille une obligation naturelle, le sénatus-consulte velléien rendait totalement nulle l'obligation de la femme qui intervient pour autrui : « *Totam* « *obligationem senatus-consultus improbat,* » comme dit le jurisconsulte.

Cette décision, du reste, ressort de l'esprit même du sénatus-consulte.

Toutefois, ce serait une erreur de croire que l'obligation résultant de l'*intercessio* de la femme fût nulle de plein droit. Une exception était nécessaire pour se mettre à l'abri d'une condamnation ou pour se soustraire à l'action *judicati.*

C'est pour le même motif que celui qui avait cautionné une semblable *intercessio* pouvait être actionné, sauf le droit qu'il avait d'opposer l'exception du sénatus-consulte.

D'ailleurs, il faut se garder de faire ici la distinction dont nous avons parlé à l'occasion du sénatus-consulte macédonien. Malgré l'avis de certains jurisconsultes, l'opinion qui avait prévalu et qui est, du reste, en harmonie avec les principes, c'est que, dans tous les cas, que la femme ait ou non donné mandat de cautionner son intercession, le fidéjusseur peut toujours exciper du sénatus-consulte velléien ; car la fidéjussion ne peut prendre naissance quand elle intervient à l'occasion d'une obligation qui ne vaut pas même comme naturelle, et telle est l'obligation de la femme *intercessor* (1).

_____

(1) L. 16, § 1, Dig. *Ad senat. vellei.*

Ulpien (1) nous dit bien, il est vrai, que la femme qui
« *post intercessionem sic solverit non repetere potest;* »
et dès lors il semble qu'elle contracte une obligation naturelle
en intercédant. Mais nous savons que l'exclusion de la *condictio indebiti* est aussi un effet de l'obligation morale.

Remarquons, d'ailleurs, qu'Ulpien se place dans une hypothèse toute spéciale, celle où la femme acquitte sciemment
l'objet de sa promesse pour autrui. Ce serait aller contre la
pensée de ce jurisconsulte que de vouloir donner une plus
grande extension à cette solution.

Justinien (2) décide que la femme qui, s'étant obligée
pour autrui, renouvelle son premier engagement en état
d'indépendance et après un intervalle de deux années, se
trouve définitivement liée. En présence de cette décision,
faut-il dire que l'idée d'une obligation naturelle, dérivant de
l'*intercessio* d'une femme a fini par se faire jour dans le
dernier état du droit romain? Non encore.

Pour repousser cette dernière objection, nous n'avons qu'à
relever, dans le texte même de la décision rendue par Justinien, le délai de deux ans clairement spécifié comme condition nécessaire à la validité de la seconde intercession; et
nous dirons que cette dernière vaut, non pas parce qu'elle se
base sur la première, mais parce qu'on a laissé à la femme le
temps de la réflexion. Cette seconde intercession, faite au bout
de deux années de réflexion, vaut par elle-même. La première
ne sert qu'à fixer l'époque à partir de laquelle la femme a pu
songer à l'importance d'un tel acte.

On le voit, la différence capitale qui existe entre les effets
du sénatus-consulte macédonien et ceux du sénatus-consulte

(1) L. 8, § 10, Dig. *Ad senat. vellei.*
(2) L. 22. C. h. t.

velléien, la différence d'où découlent toutes les autres, c'est que l'une laisse subsister l'obligation naturelle, tandis que l'autre la détruit en même temps que l'obligation civile.

Nous avons parlé du *filiusfamilias* dans ses rapports avec les tiers; nous avons constaté qu'à ce point de vue la capacité de contracter constituait pour lui la règle générale, sauf la restriction du sénatus-consulte macédonien. Nous allons exa-miner maintenant quelle était sa capacité dans ses relations avec celui sous la puissance duquel il était, ou avec ceux qui se trouvaient soumis à la même puissance que lui.

Si l'on se reporte aux principes qui régissent la matière, on voit que le *parens*, à lui seul, est en quelque sorte toute la famille. Les membres qui la composent n'ont, pour ainsi dire, d'autre personnalité que celle de leur chef lui-même. Toute leur capacité, ils la tiennent de lui; ils ne peuvent donc se servir contre lui-même de sa propre puissance.

Comme il n'y a qu'une seule personne dans le sens juridique du mot, il n'y a aussi qu'un seul patrimoine qui est le patri-moine du *paterfamilias* : tout ce que les autres acquièrent, est acquis par lui et pour lui; tous les contrats qu'ils passent, sont passés par lui et pour lui. Ils ne peuvent donc le rendre à la fois créancier et débiteur d'une même chose. Voilà pour-quoi il est dit aux Institutes (1) : « *Item inutilis est stipu-* « *latio, si rel ab eo stipuleris qui tuo juri subjectus est,* » et réciproquement.

Tel est le principe, principe de pur droit civil. Et c'est très-improprement que Paul dit : « *Ne cum filiofamilias* « *pater furti agere possit, non juris constitutio, sed natura* « *rei impedimento est : quod non magis cum his quos in*

_____

(1) § 6, De inut. stip.

« *po.:eslate habemus, quàm nobiscum ipsi agere pos-*
« *sumus* » (1), puisqu'au contraire l'engagement pris entre
le père et le fils, entre le maître et l'esclave, produit une
obligation naturelle.

Nous avons démontré que la confusion des personnes et des
patrimoines n'éteint pas l'obligation déjà née. Cette obligation subsiste telle qu'elle est ; les effets en sont suspendus,
mais ils se manifestent dès que la confusion cesse, dès que les
deux personnes, réunies pour un temps en une seule, ont
repris leur existence propre et indépendante, dès que les deux
patrimoines, un instant confondus, sont redevenus distincts.

Ici, nous le répétons, au point de vue du droit civil, il y a
vraiment confusion de tous les membres d'une même famille
en une seule personne, celle du chef de famille, de tous les
patrimoines en un seul, celui du *parens*. Et, comme cette
confusion de biens et de personnes existe au moment même
où se contracte l'engagement, l'obligation civile ne peut pas
naître. Mais cet état de chose, particulier au droit romain, ne
se rencontre pas dans les autres législations ; il est contraire
aux principes de la loi naturelle. Voilà pourquoi, à défaut
d'une obligation civile, une obligation naturelle naît de l'engagement contracté entre le père et le fils de famille, entre
le maître et l'esclave.

Du reste, comme l'obligation naturelle elle-même reçoit sa
sanction du droit civil, elle demeure en suspens tant que les
liens de puissance subsistent entre les contractants. Mais dès
que le père de famille meurt, dès que le fils est émancipé,
alors l'obligation naturelle reçoit ses effets: le débiteur paye
valablement et ne peut répéter ; il peut fortifier son engage-

(1) L. 10, Dig. De furt.

ment par un constitut, un gage, une hypothèque, un cautionnement.

C'est ici le lieu d'établir une distinction importante entre
le cas où le fidéjusseur s'engagerait envers le maître pour
l'esclave débiteur, et celui où il se porterait garant d'une dette
du maître envers l'esclave.

Dans l'un et l'autre cas l'obligation principale est une obligation naturelle, et pourtant la fidéjussion, possible dans
l'un, est inapplicable dans l'autre.

Cette différence tient aux idées romaines sur la famille et
sur les rapports des membres d'une même famille avec son
chef.

Dans le premier cas, effectivement, le *dominus* étant
créancier stipule de la caution ; c'est envers lui qu'elle s'engage ; rien ne s'oppose à la validité de l'engagement.

Mais, dans le second cas, c'est l'esclave qui est créancier ;
c'est lui qui interroge le fidéjusseur ; c'est à lui que répond
ce dernier. Et si l'on se rappelle que l'esclave n'emprunte sa
capacité que de son maître, qu'il stipule non pour lui-même,
mais au profit de son maître, qu'il oblige le promettant non
pas envers lui-même, mais envers son *dominus*, on arrive à
cette situation, bizarre et impossible juridiquement parlant,
que le maître débiteur deviendrait créancier du fidéjusseur.
Ce serait à lui débiteur qu'on assurerait le paiement de la
dette. Or: « *Nemo potest pro eodem et eidem esse obligatus.* »

Aussi Paul déclare-t-il, de la manière la plus formelle que,
dans ce dernier cas, l'obligation naturelle ne peut être cautionnée.

Ce jurisconsulte établit la même distinction pour le fils
de famille, et c'est avec raison ; mais elle ne repose plus
sur le même motif, ou, plutôt, l'impossibilité juridique que
nous avons signalée et qui, à elle seule, suffisait à dénier la

solidité d'une fidéjussion intervenue à l'effet de garantir la
dette du maître envers l'esclave, ne se rencontre pas quand
il s'agit du fils de famille. Nous savons, en effet, que ce dernier peut valablement stipuler en son propre nom. Il faut
dire alors qu'une dette qui ne doit rester telle que parce que
le débiteur le veut bien, ne peut être cautionnée par un fidéjusseur dont l'obligation reste à la discrétion de ce débiteur.
Or, c'est précisément ce qui a lieu dans notre espèce, car le
père de famille qui s'engage envers son fils, fait naître une
créance dont il conserve la libre disposition, puisque cette
créance entre dans le pécule et que le sort du pécule dépendait du *paterfamilias* au temps du jurisconsulte Paul.

§ 2me *Des esclaves*

Nous avons déjà dit que la personne du *paterfamilias*
absorbait toute l'individualité de ceux qui étaient sous sa
puissance. C'est là une fiction du droit civil à Rome ; elle
peut bien conserver toute sa force quand on se place au
point de vue des rapports qui existent entre les membres
d'une même famille, ou entre chacun de ces membres et
celui qui en est le chef ; mais elle ne saurait être assimilée
à la réalité, quand on se place au point de vue des rapports
qui existent entre des tiers et des personnes en puissance.
Ici la personnalité de ces individus n'est point morte. L'obligation ainsi contractée ne peut point produire de suite tout
son effet, car le fils de famille n'a pas de biens à lui propres
sur lesquels il puisse s'acquitter de ses engagements. Mais
dès que cette confusion des patrimoines aura disparu, tous
les effets de l'obligation civile se produiront aussitôt.

Nous avons vu, effectivement, que le *filiusfamilias* qui

contracte avec un tiers, s'oblige civilement envers ce tiers.
Pourquoi ne pas décider de même pour l'esclave ?

La raison pour laquelle on refuse toute capacité personnelle, toute personnalité juridique à l'esclave, tient au rigorisme du droit romain. Pour ce peuple, éminemment aristo-
cratique, l'esclavage est assimilé à la perte de la vie :
« *Servitutem mortalitati fere comparamus.* » Or, comme
il ne saurait y avoir possibilité d'obliger un mort et de l'actionner, de même « *in personam servilem nulla cadit*
« *obligatio, cum servo nulla actio est.* »

N'oublions pas, toutefois, que toutes ces conséquences
appartiennent au *jus civile* des Romains. Le *jus naturale*,
au contraire, maintient l'égalité entre tous les hommes quant
à la capacité de contracter, et regarde les esclaves comme
pouvant acquérir des droits aussi bien que les hommes libres.
Aussi voyons-nous dans les textes qu'il est souvent question
d'obligations naturelles appliquées à des esclaves.

Comme toute idée d'obligation entraîne nécessairement
l'idée de deux sujets de droits, l'un actif, l'autre passif, nous
avons à nous demander successivement dans quelle mesure
un esclave peut être débiteur, dans quelle mesure il peut être
créancier.

Esclaves débiteurs. — La fiction du droit civil, par
laquelle l'esclave était assimilé à un défunt, tombait, dans le
cas d'une obligation résultant d'un fait délictueux.

A Rome, en effet, il existait à cet égard une distinction
marquée entre les obligations *ex delicto* et les obligations *ex
contractu.* Tandis que l'esclave était complètement incapable
de contracter une dette civile, il était toujours responsable de
ses méfaits et devait lui-même en rendre compte et payer les
dommages-intérêts, pourvu que la chose lui fût possible ; ce
qui n'avait lieu que lors de son affranchissement. Alors seule-

ment il s'appartenait, alors seulement il devenait propriétaire.
Tant qu'il demeurait esclave, la victime du délit ne pouvait
exercer de poursuites que contre le maître, qui avait le choix
de payer les dommages-intérêts ou d'abandonner l'esclave
auteur du fait préjudiciable.

« *Nulla culpa est, cui parere necesse sit... servos cum*
« *dominis suis parent necessitate potestatis excusari,* »
est-il dit quelque part au Digeste (1). Faut-il en conclure
que l'esclave est à l'abri de toute responsabilité, quelle que
soit la nature et l'importance du délit qu'il a commis sur
l'ordre de son maître ? Assurément non. Nous lisons ailleurs :
« *Servus non in omnibus rebus sine pœnd domini dicto*
« *audiens esse solet, sicut si dominus hominem occidere,*
« *aut furtum alieni facere, servum jussisset* » (2). Et l'on
comprend que toute la rigueur de la puissance dominicale fût
impuissante à faire de l'esclave un instrument complétement
passif et irresponsable.

Voilà pour les délits. En ce qui concerne les contrats,
l'esclave ne pourrait, par cette voie, s'obliger civilement ; c'est
incontestable. Mais pouvait-il obliger le maître dont il em-
pruntait la capacité ?

Pour résoudre cette question, il faut se demander si le
maître a constitué ou non à son esclave une sorte de patrimoine distinct, appelé pécule.

Si l'esclave n'a pas de pécule, il ne peut pas obliger son
maître envers un tiers. Ainsi le veut le droit civil. Le fait
contractuel de l'esclave ne peut compromettre le patrimoine
du maître. Toutefois, l'obligation naturelle prend naissance :

(1) L. 109, Dig. *De reg. jur.*
(2) L. 20, Dig. *De oblig.*.

le *dominus* qui s'acquitte ne peut répéter ; le fidéjusseur qui intervient est valablement obligé.

Mais si l'esclave est muni d'un pécule, il faut décider que, jusqu'à concurrence de ce pécule, il peut, par ses contrats, obliger civilement le *dominus* qui est alors soumis à une action.

D'après ce que nous avons dit de la capacité personnelle de l'esclave quant au droit naturel, on comprend très-bien que, par son contrat, non-seulement il oblige son maître, mais encore il s'oblige lui-même naturellement. Ainsi le créancier a deux débiteurs, et deux débiteurs principaux, parfaitement distincts et indépendants l'un de l'autre. Si la dette de l'un s'éteint par une cause personnelle, l'autre demeure toujours débiteur. Papinien (1) fait une autre application de cette règle : Bien que l'action *de peculio* ait été intentée contre le maître, l'obligation qui réside en la personne de l'esclave est néanmoins, dit le jurisconsulte, susceptible de fidéjussion ; « *fidejussor pro servo accipi potest.* » Il en était de même si le maître se présentait devant le juge, c'est-à-dire après la *litis contestatio.*

Ce serait une erreur de croire que, parce que l'esclave a un pécule, il peut, quelle que soit la nature de ses engagements, obliger civilement le *dominus* qui l'a préposé à l'administration de son pécule. L'esclave n'est que le gérant du patrimoine qui lui a été confié ; il doit veiller à sa garde comme un mandataire ; il ne peut agir comme le ferait un propriétaire.

Ainsi il n'oblige pas le maître par une novation, quand il se porte *expromissor* à l'effet de libérer quelqu'un, ou quand il se porte *intercessor* à l'effet de garantir la dette d'un autre.

_____

(1) L. 50, § 2, Dig. *De pecul.*

Dans l'un et l'autre cas il dépasse ses pouvoirs d'administrateur.

Du reste, comme il joue un double rôle : comme il agit au nom de son maître d'après le droit civil, et en son propre nom d'après le droit naturel, il contracte lui-même, par le fait de sa promesse, une obligation naturelle destinée à produire tous ses effets lors de son affranchissement.

La conclusion à tirer de ce que nous venons de dire relativement à la capacité de l'esclave, c'est que celui-ci, qu'il ait un pécule ou qu'il n'en ait pas, s'oblige naturellement par ses contrats.

Quant aux effets qu'elle produit, il faut distinguer entre ceux qui servent à garantir la dette naturelle et ceux qui aboutissent à son exécution même.

Pour les premiers, ils peuvent avoir lieu immédiatement après la naissance de l'obligation naturelle, que l'esclave soit encore en servitude ou qu'il ait été affranchi, qu'il soit ou non préposé à l'administration d'un pécule, peu importe. Sa dette pourra être cautionnée par un fidéjusseur ; elle pourra servir de base à une hypothèque, à un gage consenti par un tiers.

Pour les seconds, ils peuvent se produire aussi, même en temps d'esclavage, si l'esclave a un pécule et la *libera administratio* de ce pécule. Mais s'il n'a pas de pécule ou si seulement il n'a pas la *libera administratio* de son pécule, tant qu'il est en servitude, l'esclave ne pourra pas lui-même faire un paiement valable, fournir un gage ou une hypothèque, passer un constitut, toutes choses qu'il pourra valablement faire, au contraire, s'il est affranchi.

Esclave créancier. — Si maintenant nous nous demandons quelle est la capacité de l'esclave pour acquérir un droit de créance, nous voyons que, personnellement, il ne peut pas devenir créancier d'après le droit civil ; car, représentant la personne de son maître et n'empruntant sa capacité que de celui-ci, il n'est qu'un instrument dans le contrat qui est, en réalité, passé entre le maître et le tiers obligé. La créance repose sur la tête du *dominus*.

Toutefois, comme au point de vue du droit naturel il a une véritable personnalité, il devient créancier naturel et acquiert des droits, dans les limites que nous connaissons, sur le tiers qui a contracté avec lui.

C'est pour ce motif que la dette, contractée de droit envers le maître, peut être acquittée entre les mains même de l'esclave qui est créancier naturel, comme dit Ulpien. Nous voyons même que c'était ainsi que les choses se passaient le plus généralement à Rome, où l'on avait l'habitude de s'en remettre à ses esclaves pour le soin de ses affaires. Toutefois, le paiement ne pouvait être valablement fait qu'à l'esclave qui avait la *libera administratio* de son pécule.

L'esclave qui contracte acquiert au *dominus* une créance civile, pourvu que celui-ci ait la *plena capacitas*. Ce principe est vrai toutes les fois que c'est avec un tiers que contracte l'esclave.

Mais si l'esclave contracte avec le *dominus* lui-même, nous savons qu'alors aucune obligation civile ne prend naissance. Le maître ne peut devenir créancier par l'intermédiaire de son esclave, puisque celui-ci a voulu, au contraire, obliger le maître envers lui ; il ne peut pas non plus devenir débiteur, car il se trouverait débiteur d'une chose dont le paiement aurait pour but de le faire devenir propriétaire, alors qu'il l'est déjà.

Dans une semblable hypothèse, le *dominus* a seulement une dette naturelle dont l'acquittement n'est possible qu'à l'affranchissement de l'esclave créancier.

Voilà quels sont les effets de cette obligation considérée

dans les rapports du maître et de l'esclave. Mais pour les tiers, les conséquences de cette obligation se produisent immédiatement, même durant l'esclavage. Pour eux, le pécule de l'esclave se grossit du montant des sommes dûes par le maître à l'esclave, et ainsi leur action *de peculio* devient plus avantageuse.

Signalons encore, comme une conséquence importante de l'obligation naturelle qui résulte du contrat passé, entre le maître et l'esclave, au profit de ce dernier, la faculté accordée par Ulpien (1) à l'esclave, institué héritier de son maître, d'obtenir, au moyen de la *separatio bonorum*, le droit de conserver la créance qu'il a contre le testateur.

§ 3 *Des pupilles*

La capacité du pupille est généralement régie par cette règle énoncée aux institutes : (2) « *Meliorem suam conditio-* « *nem licere ei facere, etiam sine tutore auctore; deteriorem* « *vero, non aliter quàm tutoris auctoritate.* »

Toutefois ce principe est propre aux obligations nées *ex contractu*; et c'est à tort que quelques commentateurs l'ont étendu, d'une façon générale et sans distinction, à toutes les obligations nées *quasi ex contractu*.

Du reste, personne n'a songé à l'appliquer aux obligations *ex delicto*. A leur égard l'*auctoritas tutoris* n'est d'aucune influence. On doit seulement se préoccuper de la question de savoir si le pupille *intelligit se delinquere*, comme il est dit dans les institutes de Gaïus et de Justinien.

(1) L. 1, § 18, Dig. *De separat.*
(2) Pr. *De auct tut.*

La législation romaine, moins rigoureuse en ce point que notre législation française, n'avait pas voulu laisser un champ trop vaste à l'appréciation du juge ; elle avait couvert d'une présomption de non-imputabilité morale l'*infans* et l'*infantiæ proximus*. Jusqu'à la fin de cette dernière période, il était interdit au juge de rechercher si le délit avait été commis avec discernement. Mais dès que l'enfant était *pubertati proximus*, il était déclaré responsable de ses méfaits.

Telle était, à Rome, la présomption de la loi qui liait ensemble ces deux idées : être *propè pubertatem* et être *culpæ capax*. Ce fut même là, sous le dernier état du droit, le seul intérêt pratique de cette distinction entre l'impubère *pubertati proximus*, et l'impubère *infantiæ proximus*.

Quant aux obligations nées d'un fait assimilé à un contrat, on doit user de distinction et poser une double règle : Si le fait dont il s'agit est volontaire de la part de celui qui s'oblige, le pupille, incapable de se lier par son propre consentement, ne peut s'obliger tout seul *quasi ex contractu*. Ainsi le pupille qui, sans l'*auctoritas tutoris*, fait addition d'hérédité, gère les affaires d'autrui, ou reçoit une somme qui ne lui est point due, ne se trouve nullement obligé d'après le droit civil. Mais s'il s'agit d'un fait indépendant de la volonté, si par exemple il est obligé, soit en vertu de la gestion de ses affaires par un tiers, soit en vertu de l'état d'indivision où il se trouve, comme ici le pupille subit ces différents faits sans le savoir et souvent malgré lui, la circonstance qui fait que l'obligé est incapable de donner un consentement reste sans influence sur la formation de l'obligation. On doit se décider alors par un motif d'équité, et dire que dans ces différents cas le pupille est obligé même sans son fait, à plus forte raison indépendamment de l'*auctoritas tutoris*, comme s'il était majeur.

Nous devons reconnaître, toutefois, que les différents jurisconsultes romains n'avaient pas des idées bien nettes à cet
égard, parce qu'ils n'avaient pas su faire la distinction que
nous venons d'établir. Pourtant certains d'entre eux avaient posé
cette règle, que le pupille s'oblige valablement sans l'*auctoritas tutoris*, dans les cas où l'on peut dire : *ex re actio venit*.

Passons maintenant aux obligations nées d'un contrat.
C'est spécialement à ce point de vue qu'il importe de rechercher quelle est la mesure de capacité accordée au pupille.

La règle que nous avons formulée en tête de ce paragraphe
est ici générale. Elle ne souffre d'exception qu'en tant que le
pupille a retiré du profit de son engagement, et jusqu'à concurrence de son enrichissement. Alors et dans cette mesure,
même au cas où il a contracté sans l'*auctoritas tutoris*, il est
obligé civilement et peut être condamné *quatenùs locupletior
factus est.*

Après ce que nous venons de dire il est inutile d'ajouter
que le pupille, en droit civil, n'est nullement obligé, quand il
ne s'est pas enrichi à la suite d'un contrat qu'il a passé sans
l'autorisation de son tuteur.

Mais on peut se demander s'il est du moins obligé naturellement. — C'est là une question qui a divisé tous les auteurs
anciens et modernes. Il y a même à ce sujet des décisions
de jurisconsultes qui semblent être contraires à l'idée de
toute obligation quelle qu'elle soit.

Ainsi Nératius, l'un des chefs de l'école proculéienne,
accorde le droit de répétition au pupille qui a payé ce qu'il a
promis sans l'*auctoritas tutoris*, parce que, dit le jurisconsulte, il n'est pas même obligé naturellement (1).

De même Licinius Rufinus, qui vivait après le règne

(1) L. 41, Dig. *De cond. indeb.*

d'Antonin, décide (1) que le pupille qui emprunte sans autorisation n'est même pas obligé d'après le droit naturel. Tandis que la plupart des jurisconsultes déclarent que l'obligation
naturelle lie le pupille qui a contracté sans l'*auctoritas tuto-*
ris, et qui ne s'est point enrichi à la suite de cet engagement.

Toutefois, il n'est pas à présumer que les jurisconsultes
romains aient différé d'opinion sur un point de droit aussi
important. Comment donc les concilier ?

Faut-il, après Accurse, Doneau et tous leurs partisans,
distinguer entre les pupilles *infantiæ proximi* et les pupilles
pubertati proximi? Cette explication est loin d'être dérai-
sonnable. Mais il serait étrange de ne trouver, dans tous les
textes qui traitent de l'obligation d'un pupille à l'occasion
des contrats, aucune trace de cette distinction si importante,
surtout alors qu'elle est formellement indiquée, en matière de
délit, comme le signe matériel de l'existence ou de la non-
existence de la *doli vel culpæ capacitas*.

Une autre opinion soutenue par Puchta, qui l'emprunte à
Cujas et à Pothier, consiste à dire que le pupille est obligé
naturellement en vertu du contrat qu'il a passé, s'il s'est
enrichi, et ne l'est nullement dans le cas contraire. Nous
avons déjà vu que s'il y a enrichissement pour le pupille, il
est obligé civilement ; et nous verrons que l'obligation naturelle a lieu lorsqu'il n'y a pas enrichissement, et seulement
dans ce cas.

Enfin, dans une troisième opinion, Vinnius, Weber, Unterholzner et autres enseignent que l'engagement pris par le
pupille sans l'autorisation de son tuteur, engendre une obli-

(1) L, 59, Dig. *De oblig.*

gation naturelle qui vaut seulement quand elle rend le pupille créancier, et non quand elle le rend débiteur. Or, nous le verrons, il résulte au contraire des textes, que l'obligation naturelle dont il s'agit opère contre le pupille lui-même.

De ces trois systèmes, le premier est assurément le plus acceptable. Mais nous croyons que les jurisconsultes romains n'avaient pas songé à établir de distinction entre le *pubertati proximus* et l'*infantiæ proximus*, en matière de contrat. Les uns et les autres ont été unanimes pour reconnaître, d'une façon générale, le caractère d'obligation naturelle à l'engagement pris par le pupille tout seul, alors même qu'il ne s'est pas enrichi. Seulement ils se sont placés à différents points de vue. De là viennent des divergences apparentes.

Nous allons faire comprendre notre pensée :

Un pupille a contracté sans l'intervention de son tuteur. En vertu de ce contrat, dans lequel il jouait, nous le supposons, le rôle de promettant, il devient débiteur naturel. S'il paie, *tutore auctore*, le paiement est valablement fait, et il ne peut répéter. Mais le paiement effectué par le pupille tout seul peut être répété.

Pourquoi en est-il ainsi, alors que le paiement d'une dette naturelle, fait au pupille tout seul, est valablement effectué et ne peut être répété?

La réponse est facile, si l'on se reporte à la règle générale sur la capacité du pupille : C'est que le pupille tout seul peut bien faire sa condition meilleure, mais ne peut pas la rendre pire.

Nératius ne fait qu'une application de ce principe, quand il dit : « *Quod pupillus sine tutoris auctoritate, stipulanti* « *promiserit, solverit, repetitio est.* » «...*quia nec natura* « *debet,* » ajoute-t-il, il est vrai.

Mais il ne faut pas faire dire au jurisconsulte plus qu'il n'a voulu dire. Quand il s'exprime ainsi, Nératius a en vue la double hypothèse d'une dette acquittée par le pupille devenu pubère, et d'une dette acquittée par le pupille encore en tutelle, sans l'*auctoritas tutoris*.

Dans la première, la répétition est défendue ; dans la seconde, elle est accordée. C'est qu'il y a en quelque sorte suspension de l'obligation, tant que le pupille demeure en tutelle. Et voilà comment on peut dire, à propos de cette possibilité de répéter, que le pupille ne doit pas même naturellement.

C'est la même idée qu'exprime Licinius Rufinus quand il dit : « *Pupillus mutuam pecuniam accipiendo ne quidem* « *jure naturali obligatur.* »

Ainsi Nératius et Licinius Rufinus ne sont point en désaccord avec Ulpien, Paul, Papinien et les autres jurisconsultes sur l'étendue de la capacité du pupille.

Tous ils sont d'avis qu'au-delà de son enrichissement, l'impubère en tutelle est tenu naturellement en vertu des contrats qu'il passe sans l'intervention de son tuteur.

Seulement les premiers s'attachent aux effets mêmes de cette obligation naturelle du pupille, effets qui sont en suspens à l'égard de ce dernier tant qu'il est en tutelle ; et pour eux une obligation sans effet est comme inexistante : « *nec* « *natura debet.* » — « *Jure naturali non obligatur* ». Tandis que les autres considèrent l'obligation naturelle en elle-même indépendamment de ses effets ; et pour eux une obligation ne cesse point d'exister, par cela seul que les effets en sont suspendus pour un temps.

Une question qui divise encore les auteurs, est celle de savoir si la compensation *ex eâdem causâ*, ou droit de rétention, peut être invoquée contre un pupille à raison de son obligation naturelle.

Ceux qui tiennent pour la négative raisonnent ainsi : Le

pupille, d'après le principe qui règle sa capacité, ne peut, sans l'*auctoritas tutoris*, créer une obligation qui lui cause un préjudice, et rendre ainsi sa condition pire ; or, si l'on accorde le droit de rétention contre le pupille, on lui occasionne un véritable tort ; donc le droit de compensation ne peut exister au profit du créancier naturel du pupille.

C'est là une singulière façon d'argumenter. Si l'on généralise le système, et on le doit sous peine de manquer de logique, il faut dire que le tuteur ne peut point valablement payer l'obligation naturelle contractée par son pupille ; il faut dénier à cette obligation naturelle tous ses effets et par suite nier son existence même, à l'encontre de tous les jurisconsultes romains.

A le prendre même limité dans son application au droit de compensation, ce système ne peut pas mieux se soutenir. Effectivement la règle, *meliorem suam conditionem licere ei facere, etiam sine tutoris auctoritate ; deteriorum vero, non aliter quàm tutore auctore*, est une règle de droit civil, et ne peut exercer aucune influence sur le droit naturel. Sans l'assistance de son tuteur, le pupille ne peut éprouver aucun préjudice *jure actionis*, mais il peut en éprouver *jure exceptionis* ; car le *jus exceptionis* a été introduit, tout d'abord, pour donner effet aux dispositions de droit naturel qui se trouvaient en opposition avec le droit civil.

Un texte d'Ulpien (1) vient confirmer la solution que nous basons sur les principes : Le pupille, dit le jurisconsulte, agissant en recouvrement d'une créance civile contre un débiteur qui est en même temps son créancier naturel, peut se voir opposer la compensation à raison des actes de sa gestion, même au-delà de son enrichissement.

(1) L. 3, § 4, Dig. *De negotiis gestis.*

On a bien cherché à détruire la force de cet argument de texte, en faisant des additions et des interpolations. Mais nous ne saurions admettre cette façon d'interpréter, qui consiste à lacérer les textes.

On a voulu encore, dans l'opinion que nous combattons, argumenter *a pari* d'un texte (1) où il est dit que le pupille créancier qui, sans l'*auctoritas tutoris*, fait un pacte *de non petendo*, n'est pas exposé à subir l'exception *pacti conventi*; mais tout autre est l'espèce ici prévue. — On comprend très-bien qu'une obligation civile, préexistante au profit du pupille, subsiste à l'encontre de tout pacte, de toute convention par laquelle ce dernier rendrait sa condition pire.

Dans notre hypothèse, au contraire, nous avons non pas une obligation civile préexistante, mais une obligation naturelle; nous avons non pas un pacte ayant en vue l'extinction d'une créance, mais un fait dont le résultat est le paiement d'une dette.

Du reste, il ne faut pas s'alarmer des conséquences que peut avoir la compensation pour le pupille qui se soustrait à la puissance de son tuteur. Elles ne sont pas si désastreuses qu'on pourrait le croire, et les intérêts du pupille ne sont point mis en danger par cette mesure.

Pour s'en convaincre, il suffit de se reporter à ce que nous avons déjà dit du droit de compensation en matière d'obligations naturelles. L'exception de compensation que peut invoquer le créancier naturel du pupille se bornant à un simple droit de rétention, on voit qu'elle ne sera reçue que si la dette, pour laquelle elle est invoquée, est née sur la tête du pupille, à l'occasion même de la chose dont il est créancier. C'est ce qui aurait lieu, par exemple, pour un pupille qui aurait géré

(1) L. 28, pr. *De pactis.*

les affaires d'autrui et qui actionnerait le propriétaire des biens gérés, en remboursement des dépenses faites à l'occasion de sa gestion. L'exception de compensation lui serait justement opposée jusqu'à concurrence des détériorations provenant du fait de sa gestion.

En résumé l'obligation du pupille, comme toute obligation naturelle, peut servir de base, non pas à la compensation dans son sens le plus large, mais à la compensation *ex pari causa* qui se confond avec le droit de rétention.

§ 4. *Du mineur de 25 ans*

Dans les premiers temps de la législation romaine, dès qu'on était pubère, on était capable et lié, par ses engagements, d'une manière irrévocable. Ce passage brusque et sans transition d'une complète incapacité à une *plena capacitas* présentait, on le reconnut enfin, des inconvénients et des dangers qui grandissaient de plus en plus avec le développement toujours croissant, à Rome, des mœurs efféminées et des goûts de luxe.

La loi *Plœtoria*, qui date sans doute du vi⁰ siècle, établit une transition devenue nécessaire, et fixa une époque intermédiaire, depuis la puberté jusqu'à l'âge de vingt-cinq ans, pendant laquelle un curateur *ad hoc* pouvait être nommé dans certains cas.

Peu après, le droit prétorien créa, en faveur du mineur de vingt-cinq ans, la *restitutio in integrum*, institution qui avait pour but de revenir sur un acte désavantageux pour toute personne âgée de moins de vingt-cinq ans, et de rétablir les choses dans leur intégrité.

Enfin, Marc-Aurèle, dans une de ses constitutions, décida

que tout mineur de vingt-cinq ans pourrait, sur sa demande, recevoir un curateur. L'adulte perdait ainsi l'administration de ses biens. Mais cette constitution de l'empereur Marc-Aurèle enlevait-elle au pubère, muni d'un curateur, la capacité de contracter? Enlevait-elle cette capacité à celui même qui n'avait pas de curateur, bien qu'elle le laissât libre de se mettre ou non en curatelle?

Telle est la double question que nous avons à examiner.

Plaçons-nous d'abord dans l'hypothèse où le mineur de vingt-cinq ans n'est pas en curatelle.

Incontestablement l'obligation de ce mineur est civile. Mais s'il éprouve une lésion, il peut se faire restituer, et par suite annuler son obligation. La *restitutio in integrum*, avons-nous dit, a pour effet de rétablir les choses dans leur intégrité. Dès lors elle doit anéantir toute obligation et ne laisser subsister aucun lien entre les contractants. Toutefois, si l'on remarque que cette institution est d'origine toute romaine, qu'elle a pour but d'atténuer la rigueur du droit civil, on comprend aisément que la *restitutio in integrum* ne saurait trouver son application dans le droit naturel, où il n'y a pas de rigueur à faire disparaître, et qu'ainsi elle laisse subsister l'obligation naturelle.

Les textes viennent confirmer cette solution en déclarant que les *intercessores* demeurent tenus, bien que le débiteur principal ait été restitué. Ce qui n'aurait pas lieu si l'obligation était complètement détruite et ne subsistait même pas comme obligation naturelle. Toutefois, les textes ne sont pas tous d'accord sur ce point. Il est bon d'étudier le motif de la distinction qu'ils semblent établir.

Il résulte, en effet, de l'étude des diverses lois qui ont trait à la question, qu'une distinction doit être faite entre ceux qui ont garanti la dette d'une personne qu'ils savaient mineure de vingt-cinq ans, et ceux qui ont garanti la dette d'une personne qu'ils pensaient être majeure de vingt-cinq ans. Les premiers ne peuvent se prévaloir de la restitution; les seconds peuvent l'invoquer.

Cette différence de solution pour les deux cas tient à ce que, dans l'un, le fidéjusseur est censé être intervenu *in omnem causam*, c'est-à-dire, pour garantir le créancier, non-seulement contre l'insolvabilité du mineur, mais encore contre la possibilité d'une restitution intégrale. Tandis que, dans l'autre, le fidéjusseur est censé n'avoir eu en vue que l'insolvabilité de celui pour lequel il se porte caution.

Quant à la question de savoir si le fidéjusseur a connu ou non l'âge de la personne dont il garantit la dette, elle était laissée à l'appréciation du prêteur. Du reste, il existait une présomption contre le débiteur accessoire d'un mineur de vingt-cinq ans, présomption qui n'était pas invincible et contre laquelle toute preuve était admise.

Lorsque la *restitutio in integrum* profitait au fidéjusseur, dans quelle mesure lui profitait-elle? Détruisait-elle totalement son obligation? ou laissait-elle subsister pour lui, comme pour l'adulte, une obligation naturelle? Les textes ne s'expliquent pas à cet égard, mais il est à présumer qu'il demeurait toujours débiteur naturel, vis-à-vis du créancier, et créancier naturel, vis-à-vis du débiteur principal, lorsqu'il payait. Dans ce cas, le créancier était sacrifié, en ce sens qu'il n'avait point d'action, ni contre son débiteur principal, ni contre le débiteur accessoire; et c'était justice, car il savait ou devait savoir les chances qu'il courait en contractant avec un mineur de vingt-cinq ans.

Au contraire, lorsque la *restitutio in integrum* ne profitait pas au débiteur accessoire, le créancier recouvrait tous ses droits au détriment du fidéjusseur, qui restait sans recours contre le mineur, après avoir été contraint de payer.

On voit, que dans tous ces cas, les intérêts du mineur étaient conservés aux dépens, soit de son garant, soit de son créancier. Toutefois, il est probable que, pour plus de sûreté, il les appelait tous deux en cause, et se faisait restituer au détriment de l'un et de l'autre.

Passons à l'hypothèse où le mineur de vingt-cinq ans est pourvu d'un curateur.

Ici encore, il y a désaccord entre les auteurs. Les uns tiennent pour la nullité de l'obligation; et ils citent à l'appui de leur thèse une Constitution (1), où il est dit que la vente passée par un mineur de vingt-cinq ans, sans le consentement de son curateur, est nulle et de nul effet : « *Hunc* « *contractum servari non oportet.* »

Quant à la phrase de Modestin : « *Puberes sine curato-* « *ribus suis possunt ex stipulatu obligari,* » ils lui donnent, au moyen de certaines altérations qui diffèrent presque avec chaque auteur, un sens qui n'est point contraire à leur opinion, mais qui, assurément, est loin de rendre la pensée du jurisconsulte.

Nous croyons qu'il y a vraiment divergence entre les deux auteurs précités, et nous l'expliquons historiquement en disant qu'à l'époque de Modestin, le mineur de vingt-cinq ans, muni d'un curateur, avait déjà perdu l'administration de ses biens, mais jouissait encore de la capacité de s'obliger. Plus tard on comprit l'utilité de décider que celui qui ne peut pas administrer ses biens, ne peut pas non plus s'obliger valablement, d'après le droit civil. C'est ce dernier état de la

---

(1) L. 3, C. *De in integrum restitutione minorum.*

législation qui est exprimé dans la Constitution précitée des empereurs Dioclétien et Maximien.

§ 5ᵐᵉ *Des prodigues. — Des insensés*

Dans les premiers temps de Rome, les pubères, et, depuis Marc-Aurèle, les majeurs de vingt-cinq ans, avaient la *plena capacitas.*

Cette règle générale fut cependant, de bonne heure, soumise à une double restriction relative aux prodigues et aux insensés.

Le prodigue est celui qui dissipe follement sa fortune, qui, suivant l'expression d'Ulpien : « *Neque tempus, neque finem « expensarum habet sed bona sua dilacerando et dissi- « pando profudit.* »

Il était frappé de l'incapacité de s'obliger lui-même sans le consentement d'un curateur, qui lui était nommé aussitôt que, par sentence du juge, l'administration de ses biens lui était retirée. On l'appelait alors interdit, parce que « *inter- « dicebatur bonorum suorum administratio.* »

Du reste, s'il n'avait point capacité pour s'obliger lui-même, il pouvait obliger les autres envers lui et accomplir tous les actes qui tendaient à rendre sa condition meilleure. Sa capacité était la même que celle du pupille sorti de l'*infantia.* C'est du moins ce qui résulte de différents textes.

Cette similitude de capacité aboutit à cette conclusion que le prodigue interdit, comme le pupille, quand il s'oblige seul, est du moins tenu naturellement.

C'est ce que nous voyons formellement exprimé dans un

7

texte (1), où il est dit que le fidéjusseur se lie valablement à l'occasion de la dette du prodigue.

Il est vrai qu'ailleurs, contrairement à cette décision, il est dit : « *Nec fidejussor pro eo intervenire poterit, sicut nec* « *pro furioso* » (2).

Faut-il en induire que l'obligation naturelle ne peut reposer ni sur la tête du prodigue, ni sur celle de l'insensé ?

Pour donner à ce texte d'Ulpien sa vraie physionomie, il est indispensable de reproduire les termes qui précèdent : « *Is, cui bonis interdictum est, stipulando sibi adquirit,* « *obligari vero promittendo non potest.* »

Tout le monde s'accorde à dire que cette opposition, mise entre l'obligation active et l'obligation passive de l'interdit, prouve que le jurisconsulte se place au point de vue du droit civil.

Mais comment alors séparer le second membre de cette phrase qui n'est que le corollaire du premier, auquel il est relié par la conjonction *et*, et par l'adverbe *ideo?* Comment dire : Là il s'agit du droit civil, ici c'est du droit naturel qu'il est question?

Qui ne voit, au contraire que, s'il est dit : « *Et ideo nec* « *fidejussor pro eo intervenire poterit,* » c'est qu'en effet le rôle habituel du fidéjusseur est de garantir seulement l'insolvabilité de celui dont il cautionne la dette? S'il paie sur les poursuites du créancier, il lui reste du moins un recours contre le débiteur principal dans le cas d'une obligation civile. Rien de mieux assurément, que d'intervenir accessoirement pour un interdit dont on connaît la situation. L'engagement souscrit dans de telles conditions est valable ; cela ne fait

---

(1) L. 23, Dig. *De fidejus.*
(2) L. 6, Dig. *De verb. oblig.*

doute pour personne. On fait ainsi une véritable libéralité ; aussi est-on sans recours contre le débiteur principal ; on y a consenti par avance. Au contraire, le fidéjusseur, trompé sur la capacité du principal obligé, ne peut, contre sa volonté, valablement contracter un engagement qui le laisse sans recours et le place ainsi hors des règles ordinaires du cautionnement. Sous ce rapport, il est parfaitement exact de dire qu'il n'y a pas de fidéjussion possible. Ulpien n'a pas dit autre chose.

Il ne faut pas s'inquiéter d'avantage du rapprochement établi, à ce sujet, entre le prodigue et l'insensé. — « *Sicut « nec pro furioso.* »

Pas plus l'un que l'autre, ils ne sont obligés civilement par les engagements qu'ils contractent eux-mêmes ; pas plus l'un que l'autre, ils ne peuvent recevoir un fidéjusseur cautionnant une dette civile. A ce point de vue, il y a en effet ressemblance entre le prodigue et l'insensé. C'est donc avec raison qu'Ulpien a écrit : « *Nec pro eo (prodigo), sicut nec pro « furioso.* »

Il n'en reste pas moins vrai que le prodigue interdit ne contracte jamais une obligation civile, mais seulement une obligation naturelle, susceptible à ce titre d'être garantie par un fidéjusseur ; tandis que l'insensé s'oblige civilement quand il contracte dans un moment de lucidité, et n'est pas même obligé, naturellement, quand il contracte sans être dans un intervalle lucide ; dans ce dernier cas il ne peut pas être valablement cautionné par un fidéjusseur, celui-ci connût-il parfaitement son état.

Cette double différence s'explique aisément.

D'une part, on ne rendait pas à Rome de sentence plaçant l'insensé, comme le prodigue, en état d'interdiction ; et l'in-

sanité d'esprit est un fait qui se produit souvent par inter-
mittence.

.D'autre part, le prodigue a une volonté. Il adhère en connaissance de cause à un engagement ; tandis que l'insensé
est privé de toute volonté consciente. Le contrat passé par
l'insensé manque d'une condition essentielle de validité,
l'accord de volontés entre les contractants, condition requise
par tous les peuples, condition qui dérive du droit naturel, et
sans laquelle un contrat ne saurait avoir aucune force obligatoire.

Remarquons, néanmoins, qu'un fidéjusseur peut valablement intervenir pour un insensé, quand ce dernier se trouve
obligé, en vertu d'une cause indépendante de sa volonté,
comme lorsqu'il y a indivison entre lui et un autre. Dans ce
cas, en effet, l'insensé, qu'il soit ou non dans un intervalle
lucide, est obligé même civilement. Le motif en est assez
visible pour que nous n'ayons pas besoin de développer un
point que nous avons traité déjà à l'occasion de la capacité du
pupille.

APPENDICE

Nous avons étudié les principaux cas dans lesquels l'obligation naturelle trouve son application. Il nous reste encore
à résoudre quelques questions soulevées par les commentateurs :

1° Y a-t-il obligation naturelle pour le surplus de la dette
à l'occasion de laquelle on a été condamné *in id quod facere
potest ?*

Contre certaines personnes placées sous la protection de la loi, l'action était donnée, non pas *in solidum*, mais *quatenùs facere possunt*. Cette faveur est ce qu'on appelle aujourd'hui *bénéfice de compétence*.

Bon nombre d'auteurs pensent que pour le surplus l'obligation civile fait défaut, mais est remplacée par l'obligation naturelle. Ils raisonnent ainsi :

La *litiscontestatio* a pour effet d'éteindre le droit primitif du créancier ; et le droit nouveau qui résulte, pour celui-ci, de ce que la chose est *deducta in judicium* se trouve, à son tour, complètement éteint par la sentence du juge quelle qu'elle soit. Le débiteur cesse donc d'être tenu civilement pour la différence qui existe entre le montant de la sentence et le montant de la dette elle-même, telle qu'elle existait dans le principe.

C'est parfaitement raisonné jusque-là. Mais nous signalons immédiatement l'inconséquence à laquelle aboutissent ces mêmes auteurs, quand ils déclarent qu'une obligation naturelle subsiste à l'encontre même des principes qu'ils viennent d'énoncer. Pour rester en parfait accord avec eux-mêmes, ils devraient décider que toute obligation, même naturelle, est éteinte ; car le bénéfice de compétence, basé sur les devoirs de famille, de reconnaissance ou d'humanité, s'il est de droit civil, est avant tout de droit naturel.

On pose des prémisses, on tire une conclusion. Il semble que cette conclusion doive être générale, comme les prémisses le sont elles-mêmes ; mais on recule devant une conséquence qui paraît trop rigoureuse, et pour ce seul fait on la repousse, on devient illogique.

Nous nous empressons, nous aussi, de rejeter loin cette idée que le débiteur qui s'est acquitté *quatenùs facere potest*, est libéré de l'obligation même naturelle. Mais nous repoussons, en même temps, dans sa totalité, le système qui vient d'être exposé.

N'avons-nous pas dit, cependant, que le raisonnement sur lequel il repose est bon en lui-même? C'est vrai; nous le disons encore. Seulement l'application qu'on en fait à notre espèce est erronée.

C'est un principe général que l'exécution de la sentence libère le condamné de la totalité de la dette pour laquelle il a été poursuivi. Mais précisément à ce principe vient faire brèche la création du bénéfice de compétence. Nous en donnons pour preuve les décisions mêmes de certains jurisconsultes romains, relatives à la cession de biens, où il est dit, expressément, que le créancier peut actionner son débiteur qui a fait cession de biens, alors qu'il acquiert de *nouveaux biens* (1).

Si l'on décide ainsi dans le cas où une personne se dépouille volontairement pour donner satisfaction à ses créanciers, comment se montrer moins sévère à l'égard de celui qui, pour le faire, attend d'y être contraint?

Ajoutons, en outre, que souvent le créancier exigeait du débiteur qu'il promit, par un engagement spécial, d'acquitter l'intégralité de sa dette, dès que ses ressources le lui permettraient. C'est un droit dont jouit le créancier (2).

On a cherché à argumenter contre nous de cette faculté accordée au créancier, et l'on a dit : Si Ulpien a pris la peine d'indiquer un moyen pour le créancier de sauvegarder ses droits, c'est que, hormis ce cas, il doit perdre sa créance.

Cette argumentation, hâtons-nous de le dire, est sans valeur. Elle repose sur une fausse traduction du texte. Le jurisconsulte n'indique pas le moyen *sine quo non* de con-

(1) L. 4 et 7, Dig. *De cessione*.
(2) L. 63, § 4, *Pro socio*.

server sa créance; il dit simplement que le créancier peut
(*venial*), pour plus de sûreté, faire promettre à son débiteur
l'acquittement du reste de l'obligation. Le titre qui résulte de
cette promesse peut, à lui seul, remplacer tous les autres et
avec avantage; car il est propre à la dette elle-même, telle
qu'elle existe après l'exécution de la sentence : il la contient
tout entière et ne contient qu'elle.

Indépendamment de cette promesse spéciale, le créancier
peut réclamer le paiement intégral de sa créance. On ne peut
pas utilement lui opposer l'exception *rei judicatæ*; car si le
chiffre de la *condemnatio* a été réduit, ce n'est point que
l'*intentio* ne fût pas fondée. — Il y aurait eu alors *plus
petitio* et absolution du défendeur. — Le juge a eu égard,
dans les limites de la loi, au peu de ressources actuelles du
débiteur. Or, ce motif même, qui fait limiter le montant de la
sentence aux forces pécuniaires du débiteur, implique la réserve
du complément des droits du créancier. D'ailleurs, cette
réserve devait être, sans doute, prononcée par le juge.

2º La dette de jeu constitue-t-elle une obligation naturelle?
— Pour résoudre cette question, nous nous contentons de
renvoyer à deux décisions, où il est dit expressément que le
jeu ne donne pas naissance à l'obligation naturelle et que
même celui qui a payé est en droit de répéter (1).

Ainsi la dette de jeu ne constitue pas une obligation naturelle.

Nous n'avons pas besoin d'observer qu'il ne s'agit pas ici
des jeux ou exercices destinés à développer les forces du
corps. En ce cas, il en est tout autrement, surtout si l'enjeu
est modéré (2).

(1-2) L. 2, L. 3 et *ult. De aleatoribus.*

3° La stipulation d'intérêts usuraires produit-elle une obligation naturelle? — A cette question, nous répondrons encore négativement. Voici ce que dit Ulpien : « *Si suprà legitimum modum solvit : Severus rescripsit, quo jure* « *utimur repeti quidem non posse, sed sorti imputandum ;* « *et si posteà sortem solvit, sortem quasi indebitam* « *repeti posse, Proindè et si antè sors fuerit soluta,* « *usuræ suprà legitimum modum solutæ, quasi sors inde-* « *bita, repetuntur* » (1).

Le jurisconsulte prévoit deux cas : dans l'un pas de répétition possible des intérêts usuraires, on les impute sur le capital qui est encore dû ; dans l'autre, le capital ayant été préalablement remboursé, on peut répéter les intérêts usuraires indûment payés.

(1) L. 26, *princ.* Dig. *De condictione indebiti.*

DEUXIÈME PARTIE

DROIT FRANÇAIS

CHAPITRE I

Notions préliminaires

Chez nous, comme à Rome, entre l'obligation civile et le devoir moral se place l'obligation naturelle.

Son existence est consacrée par les anciennes traditions du droit romain, par les principes qui président toujours à la réglementation des rapports sociaux, et par le code civil lui-même, notamment par les articles 1235 et 2012.

Dans les documents qui nous ont été conservés, grâce aux travaux de compilation exécutés au commencement du bas-empire, nous avons trouvé, on l'a vu, nombre de décisions et de constitutions relatives à une espèce spéciale d'obligations, qui ne donnaient pas d'action, mais qui procuraient au créancier certains avantages inapplicables aux obligations purement morales.

Toutes ces décisions faisaient loi. Et comme notre législation en dérive en grande partie, nous ne devons pas être surpris de voir qu'il soit question, dans notre code civil, des obligations naturelles et de leurs effets.

Du reste, cette gradation dans les obligations, nécessaire sous le formalisme des lois de la vieille Rome, et même sous le bas-empire, l'est encore aujourd'hui et présente une importance qui, pour être moins considérable en étendue, ne mérite pas moins d'être signalée à l'attention de tout jurisconsulte.

Si l'on cherche quel est le fondement de la force obligatoire des contrats dans nos lois civiles, il est facile de remarquer qu'on n'exige pas, comme à Rome, de la part des contractants une dation préalable, ou, à défaut de dation, certaines paroles, certaines écritures. Il suffit qu'il y ait accord de volonté sur un objet licite. Donc plus de distinction entre les pactes et les contrats. Toute convention expresse ou tacite, écrite ou non écrite, pourvu qu'elle ne soit pas contraire aux lois et aux bonnes mœurs, a, pour des contractants capables, la même force obligatoire.

Ainsi que nous venons de l'indiquer, la capacité des contractants est nécessaire à la validité d'une convention. Il faut que celui qui s'engage ait l'*intellectum* suffisant pour comprendre ce qu'il fait en promettant, et le *judicium* indispensable pour apprécier la nature et l'étendue de son engagement. Or, à quelle époque de la vie l'intelligence est-elle assez développée chez l'homme pour qu'on puisse dire de lui, d'une façon sûre et dans tous les cas ordinaires, qu'il est capable de donner un consentement et qu'il comprend la portée de ses engagements ? Tel est le problème que doit résoudre toute législation, afin d'éviter l'arbitraire et de donner pour tous une même formule nette et précise ; tel est le problème dont le législateur français a formulé la solution quand il a dit : « *La majorité est fixée à vingt-un ans accomplis ;* « *à cet âge on est capable de tous les actes de la vie* « *civile, sauf la restriction portée au titre du mariage* » (1).

Cette solution, on le voit, repose sur une présomption de droit. Mais cette présomption légale est souvent contredite par les faits. Il est bien certain que, si juridiquement on reste incapable jusqu'à vingt-un ans, il en est bien peu qui ne soient pas, dès avant cet âge, réellement capables de contracter par eux-mêmes.

Nous n'avons pas ici à examiner si le législateur a bien fait en reculant jusqu'à vingt-un ans l'âge de la capacité. Nous constatons seulement ce qu'il a établi. Or, il est aisé de comprendre que, pour éviter les dangers qui pourraient résulter de l'absence d'une règle fixe, soit pour les personnes, soit pour les fortunes, le législateur n'ait pas voulu que la présomption sur laquelle il s'est fondé soit susceptible d'être renversée, du moins totalement. Nous verrons, en effet, que cette présomption d'incapacité, tout en subsistant, laisse place néanmoins à l'obligation naturelle qui en est comme le tempérament.

Les mêmes observations s'appliquent à la capacité de l'interdit et de la femme mariée.

Ce que nous venons de dire fait voir déjà que l'obligation naturelle n'a plus, chez nous, qu'une cause génératrice : la présomption d'incapacité.

_____

(1) Article 488 du code civil.

SECTION I

ÉLÉMENTS ET CARACTÈRES DE L'OBLIGATION NATURELLE

Nous connaissons les caractères distinctifs de l'obligation naturelle. Nous savons qu'à la différence de l'obligation civile, elle est dépourvue de l'action et de la compensation *lato sensu*. Nous savons qu'elle est au contraire, à la différence de l'obligation morale, munie des voies indirectes et secondaires d'exécution qui servent à fortifier l'obligation civile elle-même.

Nous avons dit, en outre, que l'obligation naturelle se distingue encore du devoir moral par tous les éléments constitutifs de l'obligation proprement dite, à savoir: la détermination de l'objet, la détermination du sujet actif et du sujet passif; en d'autres termes, l'existence d'un créancier et d'un débiteur, dans le sens propre du mot.

Toute obligation suppose un engagement résultant, soit d'une convention, soit d'un fait, soit de la loi. L'obligation est un lien *(ob ligatio)*. L'obligé est lié *(ob ligatus)*. De là vient que, lorsqu'il s'acquitte, on dit qu'il effectue un paiement *(solutio)*, qu'il est délié *(solutus)*.

La raison de cette étymologie se voit sans peine. Ce n'est point librement, en effet, qu'un débiteur s'acquitte. Sa volonté, qui était libre avant la formation de l'engagement, ne l'est plus à dater de ce moment. Il est lié par sa promesse ou par son fait; et pour reconquérir sa liberté, il faut qu'il dénoue le lien matériel qui enchaîne sa volonté.

Parfois même on devient débiteur par le fait d'un autre ; tel est le cas où un tiers, à mon insu, gérant mes propres affaires, devient mon créancier par le fait de sa gestion utile. Ici la volonté du débiteur n'est pour rien ni lors de la création de la dette, ni lors du paiement.

Ces éléments constitutifs de l'obligation civile sont également applicables à l'obligation naturelle. Il y a des débiteurs naturels comme il y a des débiteurs civils, et, si les uns sont moins fortement liés que les autres, ils le sont assez, cependant, pour être de véritables débiteurs. Comme il y a des créanciers civils, il y a aussi des créanciers naturels, et si la créance de ces derniers est garantie par des voies de contrainte moins puissantes et moins nombreuses, elle l'est assez toutefois pour constituer une véritable créance.

On trouve, en effet, dans l'obligation naturelle cette sanction de la loi, ce lien juridique qui enchaîne la volonté de l'obligé, et qui permet au bénéficiaire de l'obligation d'employer certains moyens légaux de coercition, pour faire valoir sa créance et pour en toucher le montant.

On voit, par tous ces caractères, combien l'obligation naturelle se sépare du devoir de conscience qui ne comporte ni créancier ni débiteur proprement dit. Dans l'obligation morale, en effet, on ne rencontre ni cette détermination du sujet, soit actif, soit passif, ni cette détermination de l'objet qui fait dire : *Pierre a une créance de tant sur Paul ; Paul a une dette de tant envers Pierre.*

L'obligation de conscience, par elle-même, par sa quotité et par les personnes qui doivent en bénéficier, est complètement vague et incertaine. Elle se produit en dehors de tout contrat ou quasi-contrat, et résulte des simples relations individuelles de chacun.

Toutefois, remarquons-le de suite, les différences caracté-

ristiques que nous venons de signaler entre ces deux sortes
d'obligations ne sont pas toujours aussi facilement saisissa-
bles qu'on pourrait le croire tout d'abord. Souvent même,
là où il n'y a qu'une obligation morale, on croit reconnaître,
à tort sans doute, mais avec une certaine apparence de raison, les caractères de l'obligation naturelle. Tel est le cas où
un débiteur acquiert, par prescription, la libération de sa
dette. Reste-t-il encore tenu après cette libération? Non,
juridiquement parlant; car il y a une présomption légale que
si le créancier est resté sans réclamer, durant un certain
temps fixé par la loi, c'est qu'il a été payé. Mais si, en fait,
aucun paiement n'a été effectué, s'il n'y a eu aucune libération réelle au profit de ce débiteur, n'est-il pas obligé? Et
ne l'est-il pas naturellement, si nous supposons qu'un contrat ou un quasi-contrat a été le mode créateur de cette obligation prescrite? Eh bien! non; selon nous, il n'y a point
là d'obligation naturelle. Il n'y a qu'une obligation morale.

La même difficulté et la même solution se présentent pour
le cas où un débiteur actionné est absous par le juge.

Voilà pourquoi certains auteurs ont craint de poser les dis-
tinctions précises que nous proposons entre l'obligation naturelle et le devoir moral.

Du reste, faut-il voir, dans les deux espèces précitées, une
double exception au principe que nous avons émis? Nullement; car le jugement et la prescription sont deux faits dont
le résultat direct, immédiat, est d'anéantir le contrat ou le
quasi-contrat qui a donné naissance à une obligation. Si dans
l'un et l'autre cas l'ex-débiteur reste tenu moralement, c'est,
non pas en vertu du contrat ou du quasi-contrat qui est dissous, mais bien, comme nous le disions tout à l'heure, en
vertu des relations individuelles qui existent entre lui et l'ex-

créancier. Nous aurons occasion, dans la suite, de voir ces
questions plus en détail.

SECTION II

NATURE DE L'OBLIGATION NATURELLE. — SES SOURCES. — SA DÉFINITION

Les différences notables que nous venons de signaler entre
l'obligation naturelle et le devoir de conscience, et les nombreux effets qui s'attachent à l'une, à l'exclusion de l'autre,
font voir l'importance qu'il faut mettre à les distinguer dans
les espèces les plus délicates.

Quel est donc le signe toujours visible grâce auquel on
pourra dire sans craindre de se tromper : voilà une obligation naturelle ; voici une obligation morale ?

Des auteurs ont pensé qu'il fallait s'attacher aux caractères, aux éléments constitutifs de l'obligation naturelle. Pour
eux, toutes les fois qu'il y a détermination quant à l'objet et
ensemble quant au sujet, soit actif, soit passif, de l'obligation,
il ne peut être question du devoir moral. Aussi se trouvent-ils
fort embarrassés quand on les met en présence d'une obligation prescrite, ou annulée par un jugement erroné. Comme ils
constatent dans ce cas une détermination précise de l'objet et
du sujet tant actif que passif, ils sont logiquement forcés de
reconnaître que la prescription et la chose jugée laissent subsister l'obligation naturelle. Mais comme ils ne peuvent se
résoudre à l'idée qu'une telle obligation puisse être cautionnée et garantie par les effets distinctifs de l'obligation
naturelle, ils en concluent que l'obligation naturelle n'est

pas, dans ces cas-là, munie des sûretés qui lui donnent sa force obligatoire. Ainsi, sous prétexte d'être logiques sur un point, ils deviennent illogiques sur un autre.

D'autres ont voulu trouver le critérium de l'obligation naturelle dans les effets mêmes qu'elle produit. Ils ont dit avec M. Massol : l'obligation naturelle donne au créancier un certain droit, moins considérable que celui qui est conféré par l'obligation civile, mais réellement existant, un droit qu'il peut faire valoir dans une certaine mesure et considérer comme faisant partie de son patrimoine. Tel est, pour eux, le signe auquel se reconnaît l'obligation naturelle.

Mais qui ne voit ce qu'il y a de vague et d'incertain dans cet effet résumant tous les autres ? Sera-t-il toujours aisé de savoir, de prime-abord, si telle obligation constitue vraiment un nouveau bien ou seulement la chance d'acquérir un nouveau bien ? N'est-il pas, au contraire, aussi difficile de reconnaître si telle obligation transfère un droit juridique ou non, que de savoir si elle est naturelle ou morale ?

Il nous semble que c'est dans le mode de formation de l'obligation naturelle, et non pas dans ses caractères ou dans ses effets, que nous devons chercher ce critérium difficile à trouver et pourtant si nécessaire.

Nous avons défini dans notre première partie l'obligation naturelle : « *une obligation civile imparfaite.* » C'est qu'en effet telle est sa nature : C'est une obligation *civile* puisqu'elle est sanctionnée par nos lois civiles (1). Cette obligation civile est *imparfaite*, puisqu'elle est dépourvue des deux modes de sanction propres à l'obligation civile parfaite, l'action et la compensation.

(1) Art. 1235 et 2012 du code civil.

Telle est donc la nature de l'obligation naturelle. Nous l'avons reconnu en droit romain. Nous le reconnaissons aussi en droit français. Sa nature ne pouvait pas changer ; et elle n'a point changé, en effet.

Mais si l'obligation naturelle est une obligation civile, ne faut-il pas reconnaître aussi que les modes créateurs de l'obligation civile parfaite peuvent seuls donner naissance à cette seconde classe d'obligations civiles ? Ne faut-il pas dire qu'en dehors des contrats, quasi-contrats, délits et quasi-délits, l'obligation naturelle ne peut pas se produire ? C'est là une déduction logique, nécessaire, irréfutable.

Reste maintenant à savoir si tous ces modes créateurs de l'obligation civile peuvent être, chacun, dans certaines espèces, des causes génératrices de l'obligation naturelle. Or nous n'aurons pas de peine à montrer qu'il n'en est point ainsi.

Et d'abord, les délits et quasi-délits peuvent-ils être une source d'obligations naturelles ? Il ne peut y avoir délit (1) ou quasi-délit qu'autant que ces trois conditions concourent : il faut que le fait dont on se plaint soit illicite, dommageable, imputable à son agent. L'auteur d'un tel délit ou quasi-délit est alors obligé civilement. Mais si l'un de ces trois éléments fait défaut, il n'est pas même obligé naturellement. La raison en est simple. C'est que le moment où l'on devient responsable de ses méfaits n'est pas invariablement fixé par la loi à un certain âge. Ici, en effet, la loi n'a établi aucune fiction ; elle s'en tient à la réalité. Dans chaque espèce on examine si l'agent était, oui ou non, capable de dol au moment où, par son fait, il a causé illicitement un dommage à autrui.

_____

(1) Il est ici question du délit civil qu'il ne faut pas confondre avec le délit criminel ; ce dernier existe indépendamment du dommage qui peut en résulter.

Ainsi point de présomption qui puisse être contraire à la réalité ; par suite, point de place pour l'obligation naturelle. Celui qui a commis un fait délictueux se trouve obligé civilement envers la partie lésée, s'il est déclaré moralement responsable de ce fait. Sinon, il est affranchi de toute obligation même naturelle.

Quant aux contrats, ils sont la principale source des obligations naturelles, surtout dans notre droit où il n'existe plus de distinction entre les pactes et les contrats. — Nous savons que la capacité de contracter est fixée à l'âge de 21 ans ; mais les faits, souvent contraires à cette présomption légale, font voir qu'avant cet âge, le jeune homme a généralement assez d'intelligence et de jugement pour contracter en connaissance de cause, et devenir débiteur naturel.

Si les contrats sont la principale source des obligations naturelles, ils n'en sont pas la seule. Les quasi-contrats peuvent aussi donner naissance à cette sorte d'obligation. C'est ce qui a lieu pour le mineur qui gère l'affaire d'autrui, ou qui reçoit le paiement de l'indu. L'engagement qui résulte pour lui de l'un ou de l'autre de ces faits, constitue, en raison de son âge, une obligation naturelle.

Contrats et quasi-contrats, telles sont les deux sources et les seules de l'obligation naturelle. — Toutes les fois que nous ne serons pas en présence d'une personne qui s'est obligée en vertu d'un contrat ou d'un quasi-contrat, nous pourrons dire à coup sûr : il ne peut y avoir là d'obligation naturelle. — Tel est, selon nous, le critérium infaillible, le signe matériel, palpable et visible pour tous, sans lequel l'obligation naturelle ne peut exister.

Cela posé et reconnu vrai, faut-il dire que l'obligation naturelle peut naître de toutes sortes de contrats et quasi-contrats ? Il paraît évident que ceux-là seuls, d'où résulte directement quelque avantage pécuniaire pour les parties ou pour l'une d'elles, peuvent engendrer des obligations naturelles.

Mais, dans ces limites ainsi restreintes, faut-il faire de nouvelles éliminations ? Faut-il dire, par exemple, que le père qui reconnaît son enfant naturel *par acte sous seing privé* n'est pas même obligé naturellement de lui fournir des aliments. Telle est l'opinion de M. Massol, qui prétend que l'authenticité d'une telle reconnaissance étant exigée par 'article 334 du code civil, pour garantir la libre expression de la volonté de celui qui fait cette reconnaissance, dès que cette authenticité fait défaut, la déclaration du père s'offre sans autorité et par conséquent ne peut devenir l'objet d'un cautionnement.

Nous ne sommes point touché de cet argument. Ce défaut d'authenticité entraîne la présomption légale que la volonté du père déclarant n'a pas été libre, et, par suite, empêche toute obligation civile. Mais cette présomption de droit, qui peut être contraire au fait, n'est-elle pas justement la cause génératrice de l'obligation naturelle ? Si, en réalité, il a librement agi, n'est-il pas vrai de dire que ce père doit des aliments à son fils reconnu ?

C'est, du reste, l'opinion de Toullier. La reconnaissance d'un enfant naturel, faite par acte sous seing privé renferme, dit cet auteur, une obligation naturelle qui empêche de répéter ce qui a été payé pour aliments et peut être cautionnée. Mais une telle reconnaissance, ajoute le même auteur, ne suffit pas pour motiver une demande d'aliments.

M. Massol critique ces derniers mots qui lui paraissent constituer une restriction illogique au système adopté par l'auteur. — A nos yeux, il n'y a pas d'inconséquence à dire que l'enfant naturel reconnu par acte sous seing privé ne peut former une demande d'aliments. Tout au contraire ; car s'il

le pouvait, il aurait un droit d'action, il serait créancier
civil. Or, Toullier déclare formellement qu'il est créancier
naturel et rien de plus.

Ainsi tout contrat ou quasi-contrat, produisant un avantage
pécuniaire pour les parties ou pour l'une d'elles, peut engendrer une obligation naturelle, sans distinguer si ces actes sont
intervenus pour constater des rapports de dépendance, des
services rendus ou de simples relations de parenté

Toutes les fois donc que nous nous trouverons en présence
d'un contrat ou quasi-contrat susceptible de produire une
obligation civile, et que, par suite d'une présomption légale
d'incapacité, la loi n'aura pas voulu reconnaître l'existence
d'une obligation civile, nous pourrons dire avec certitude :
voilà une obligation naturelle. Tel est notre critérium.

Maintenant que nous possédons les premières notions de
l'obligation naturelle, il est temps, avant d'aller plus loin, de
reproduire la définition que nous en avons donnée dans notre
première partie.

Bonne sous l'empire du droit romain, cette définition nous
semble s'harmoniser parfaitement avec l'idée que nous nous
formons, dans notre législation, de cette sorte d'obligation.

« *C'est une obligation civile imparfaite qui produit tous*
« *les effets de l'obligation civile parfaite, moins l'action*
« *et la compensation.* »

C'est une *obligation* ; expression qui doit être prise dans
son sens juridique et qui répond bien à l'idée que nous avons
des éléments constitutifs de toute obligation.

C'est une obligation *civile* ; car elle a sa sanction dans le
droit positif.

C'est une obligation civile *imparfaite* ; parce qu'en effet
le lien juridique de cette classe d'obligation n'est pas

complet ; elle manque de deux modes de sanction, tous deux exclusivement attachés à l'obligation civile proprement dite.

Elle produit tous les effets de l'obligation civile par-faite, moins l'action et la compensation. C'est le dévelop-pement de l'idée précédente, développement utile, puisqu'il apporte le complément de cette idée en faisant voir sous quel rapport cette obligation civile est imparfaite.

CHAPITRE II

EFFETS DE L'OBLIGATION NATURELLE

Ces effets sont nombreux. Nous en avons déjà parlé dans notre première partie. Nous nous attacherons surtout ici à signaler les différences qui séparent, en cette matière, notre législation de la législation romaine. Nous présenterons aussi parfois des espèces pour faire l'application des principes et suppléer ainsi aux défauts d'un exposé purement théorique.

SECTION I

IMPOSSIBILITÉ DE RÉPÉTER

C'est improprement que cette impossibilité de répéter est regardée comme un effet de l'obligation naturelle, puisqu'elle se produit lorsque l'obligation est éteinte. Quoi qu'il en soit,

cette appellation étant universellement adoptée, nous la con-
servons.

Nous avons eu déjà l'occasion de faire remarquer que c'est
là un effet commun tout à la fois à l'obligation morale et à
l'obligation naturelle. Sur ce point tous les auteurs sont unanimes. C'était vrai en droit romain ; c'est encore vrai sous
l'empire du droit français.

Il importe de bien préciser la portée de ce premier effet
de l'obligation naturelle. — « La répétition, est-il dit dans
« l'article 1235 du code civil, n'est pas admise à l'égard des
« obligations naturelles qui ont été volontairement acquit-
« tées. »

Certaines personnes ont été tentées de donner au mot
volontairement un sens qui ne peut s'expliquer gramatica-
lement, et qu'aucun document historique n'autorise à supposer dans la pensée du législateur. On a dit : Celui qui
acquitte, en connaissance de cause, une obligation naturelle,
ne fait que payer ce qu'il doit ; il ne peut répéter. Mais s'il
s'est acquitté, croyant qu'il était tenu civilement, il n'a pas
agi en connaissance de cause. Ce qu'il a payé, il le devait,
mais non pas de la façon qu'il croyait devoir. S'il avait connu
la nature de sa dette, s'il avait su qu'on ne pouvait pas le
poursuivre, il n'aurait pas payé. C'est involontairement qu'il
s'est acquitté ; donc il peut répéter.

Qui ne voit que c'est là travestir complétement le sens
des mots ? Est-ce que l'expression volontairement est synonyme de sciemment ? Repoussons donc ce système et cher-
chons le sens grammatical du mot volontairement. Ce
sera aussi son sens juridique.

Qui dit agir volontairement, dit agir sans contrainte, à
l'abri de menaces ou d'artifices répréhensibles. Si l'on me
met le poignard sous la gorge pour me faire payer, ou si l'on

emploie des manœuvres frauduleuses pour me faire croire à l'existence d'une dette civile, et que je paie, ma volonté n'y est pour rien ; du moins elle n'est pas libre. J'ai agi sous la pression de la crainte, sous l'empire d'une erreur provoquée par des artifices habilement trompeurs. En un mot, j'ai payé sans le vouloir, puisqu'auparavant je ne songeais pas à le faire. Je peux donc répéter.

Mais si je me méprends moi-même sur la force de mon engagement, si de mon propre mouvement, sans y être poussé par des artifices coupables, j'acquitte une obligation naturelle que je croyais civile, je ne peux répéter ce que j'ai payé. Si j'ai fait un paiement que j'aurais pu me dispenser d'effectuer, je l'ai fait du moins volontairement *(proprio motu)*; je ne dois accuser que moi seul d'une erreur qui peut m'être préjudiciable.

Nous avons dit que le sens grammatical du mot volontairement était aussi son sens juridique. C'est ce qui résulte formellement de l'article 1967, ainsi conçu : « Dans aucun « cas le perdant ne peut répéter ce qu'il a volontairement « payé, à moins qu'il n'y ait eu, de la part du gagnant, dol, « supercherie ou escroquerie. »

Pourrait-on prétendre que le perdant, après avoir compté l'argent, serait recevable à réclamer, sous prétexte qu'il se croyait civilement obligé de solder le montant de sa perte ? Assurément non. Le mot *volontairement* veut bien dire ici : *sans contrainte* et non pas sciemment. Ce qui le prouve, c'est la fin de la phrase.

Est-ce à dire que les conventions passées entre les joueurs constituent une obligation naturelle ? Tel n'est point notre avis ; et quand le temps en sera venu nous traiterons longuement cette question qui est très-vivement controversée. L'impossibilité de répéter est ici basée sur ce vieil adage :

« *In pari causâ melior est causa possidentis.* » On ne peut, en effet, permettre à un joueur d'invoquer sa propre turpitude pour fonder une demande en répétition. Le législateur a reconnu que ce serait contraire à toute justice.

Quoi qu'il en soit, cet article 1967 fait voir nettement le sens que les législateurs attachent au mot volontairement, puisqu'il en donne le commentaire. Or, il n'est pas possible que ce même mot, reproduit dans une circonstance analogue par l'article 1235, ait une signification différente. C'est avec son sens grammatical que ce mot est employé dans nos deux articles.

Il est donc vrai de dire qu'il ne suffit pas d'avoir soldé une dette naturelle, alors que l'on se croyait à tort débiteur civil, pour motiver une demande en répétition. Il faut que la volonté ait été contrainte par la force ou par une ruse illégale.

Du reste, nous admettons la même solution pour le cas où, croyant acquitter une obligation civile, on acquitte une obligation purement morale. Bien que cette sorte de libération ne constitue pas un paiement, bien qu'on ait ainsi soldé ce qu'on ne devait pas juridiquement parlant, et bien qu'on l'ait fait par erreur, la répétition est interdite, parce qu'on ne s'est pas dépouillé sans cause. On s'est seulement trompé de cause. — Croyant faire un paiement légalement dû, vous faites une véritable libéralité. Pourrez-vous répéter? Non; car vous devez toujours faire des bienfaits, et, pour vous être trompé sur le mobile de votre acte, vous ne l'avez pas accompli sans cause.

C'est ainsi qu'un père qui aurait compté une somme en dot à sa fille, croyant y être tenu selon le droit positif, et qui, reconnaissant son erreur, voudrait en demander la répétition, ne le pourrait pas.

Nous citons cette espèce comme exemple d'une obligation morale, car nous ne sommes pas de l'avis de ceux (1) qui voient là une dette naturelle. Il n'y a, dans cette espèce, ni contrat ni quasi-contrat susceptible de produire, en quelque cas que ce soit, une obligation civile. Et nous savons que l'obligation naturelle ne peut naître que d'un contrat ou quasi-contrat susceptible d'engendrer une obligation civile.

SECTION II

CAUTIONNEMENT. — GAGE. — HYPOTHÈQUE. — SOLIDARITÉ

« Le cautionnement, est-il dit dans l'article 2012, ne « peut exister que sur une obligation valable. On peut néan-« moins cautionner une obligation, encore qu'elle puisse être « annulée par une exception purement personnelle à l'obligé, « par exemple, dans le cas de minorité. »

Voilà qui est bien explicite. L'obligation naturelle peut être garantie par un cautionnement, soit personnel, soit réel, c'est-à-dire par une caution, par un gage ou par une hypothèque.

Du reste, il ne faut pas croire que tout mineur soit capable de s'obliger naturellement. On doit examiner dans chaque espèce si, au moment du contrat ou quasi-contrat par lequel un mineur a voulu s'engager sans intermédiaire, il avait, en fait, assez d'intelligence et de jugement pour donner un véritable consentement. Dans ce cas, seulement, il sera

---

(1) Zachariæ, t. III, p. 388, et d'autres auteurs.

vraiment devenu débiteur; dans ce cas, seulement, son obligation pourra être efficacement cautionnée.

La règle est que le majeur non interdit qui cautionne un débiteur civil s'oblige civilement. C'est que la caution joue un rôle secondaire, subordonné à celui du débiteur principal. La même raison nous fera décider que celui qui garantit le paiement d'une dette naturelle ne s'oblige que naturellement, à moins qu'on ne puisse supposer qu'il est intervenu à l'effet de faire disparaître le vice de l'incapacité personnelle du débiteur principal.

Cette doctrine, déjà émise en droit romain, ne nous semble pas en opposition avec la loi française. Le créancier est instruit de la qualité de son débiteur principal, et toute abstention de sa part, lorsqu'il règle les conditions du cautionnement, porte à croire qu'il ne s'est tû que parce qu'il craignait que la caution, éclairée sur la situation, ne consentît pas à s'engager. Or, la caution ne saurait être la dupe des ruses du créancier. Voilà pourquoi nous décidons que son engagement n'a pas plus de force que celui du débiteur principal.

Toutefois, il importe avant tout, ici, de s'enquérir de l'intention des contractants ; et l'on peut facilement présumer que la caution est intervenue justement pour garantir le créancier contre l'exception résultant de la minorité. Dans ce cas, la caution est en butte aux poursuites du créancier et peut être contrainte à payer.

Du reste, par le fait seul du paiement, elle se trouve subrogée aux droits qu'avait le créancier contre le débiteur (1). Mais elle prend ces droits tels qu'ils sont, avec leur

(1) Art. 2029 du code civil.

nature, leurs caractères, leurs garanties, rien de plus. En un mot, la caution qui a ainsi payé prend la place du créancier primitif; elle acquiert tous ses droits, mais ses droits seuls. Pas d'action possible contre le débiteur, si le créancier primitif n'avait qu'une créance naturelle.

Ce que nous disons de la caution s'applique également au débiteur solidaire qui paie, alors que son codébiteur était mineur au moment de la formation de la dette. Aucun recours ne lui est accordé contre ce dernier, pour le remboursement de sa part contributoire.

Le constitut, dont nous avons parlé en droit romain, intervenait pour conférer une action au créancier qui n'avait d'abord pour titre qu'un simple pacte. Il n'a pas de raison d'être en droit français, où il n'est plus question de pacte. Nous n'avons donc pas à rechercher si le constitut peut intervenir à la suite et pour la garantie d'une obligation naturelle.

SECTION III

RATIFICATION

En droit français, comme en droit romain, l'obligation naturelle est susceptible de ratification, contrairement à ce qu'enseigne M. Zachariæ (1).

Notre opinion, du reste, est confirmée par l'article 1338, ainsi conçu : « La ratification.... emporte la renonciation « aux moyens et exceptions que l'on pourrait opposer contre « cet acte, sans préjudice néanmoins du droit des tiers. »

(1) T. II, p. 431.

La ratification est un acte qui vaut et produit ses effets, indépendamment de tout consentement de la part du créancier dont le droit préexistant se complète, mais qui exige pour sa validité la pleine capacité du débiteur dont la situation se trouve empirée, puisqu'il devient dès-lors soumis à des poursuites de la part de son créancier.

Par la ratification, l'obligation naturelle devient une obligation civile. Et cet effet remonte rétroactivement au moment même où l'obligation est née.

La ratification ne saurait porter préjudice aux droits des tiers, est-il dit dans l'article 1338. — Les créanciers chirographaires du débiteur naturel peuvent-ils se prévaloir de cette disposition pour primer celui dont la créance naturelle a été ratifiée depuis qu'ils sont devenus eux-mêmes créanciers?

Assurément non ! Ils ne sont pas des tiers juridiquement parlant. Et, de même qu'ils ne peuvent pas se plaindre de ce que leur débiteur acquitte une obligation naturelle, ils ne peuvent pas non plus réclamer, parce qu'il donne à une obligation naturelle la force d'une obligation civile, au moyen de la ratification.

Au surplus, l'obligation naturelle conférant un véritable droit de créance, l'article 2093 qui dit que les biens du débiteurs sont le gage commun de ses créanciers s'applique au créancier naturel comme au créancier civil; et si le premier n'a pas toujours joui de la plénitude de son droit, il était toujours apte à voir son droit s'étendre et se fortifier au détriment des créanciers civils purement chirographaires.

L'article 1338, en réservant le droit des tiers, se réfère aux personnes auxquelles le débiteur, après avoir acquis sa capacité, aurait cédé expressément, ou implicitement au moins, le droit de critiquer une obligation naturelle antérieurement contractée. Ce débiteur ne pourrait, en ratifiant postérieure-

ment cette obligation naturelle, priver son cessionnaire de
l'avantage qu'il lui a conféré. — C'est ainsi qu'après avoir
vendu une maison durant sa minorité, une personne devenue
majeure ne pourrait ratifier cette première vente, si auparavant, mais depuis sa majorité, elle avait vendu la même maison
à un autre acheteur. Par cette seconde vente, pleinement
valable dès le principe, il a renoncé, effectivement, en faveur
du second acquéreur, au droit qu'il avait de ratifier la première. Il ne peut donc, à lui seul, faire valoir une obligation
à l'imperfection de laquelle un autre est légitimement intéressé.

SECTION IV

NOVATION

Nous avons cité, en droit romain, des textes d'où il résulte
clairement qu'on peut, à l'aide d'une obligation naturelle,
opérer la novation d'une autre obligation, soit naturelle, soit
civile, et réciproquement.

Le droit français ne nous offre aucun texte formel à cet
égard. Mais la tradition romaine qui n'a pas été détruite sur
ce point suffit à maintenir la même règle dans notre législa-
lation.

Ajoutons à cette première raison déjà concluante, que, des
articles précités et de leur rapprochement avec l'article 1272,
on déduit nécessairement l'existence de ce nouvel effet de
l'obligation naturelle. — Si l'obligation naturelle peut être
ratifiée, si elle peut être cautionnée, c'est qu'elle vaut réellement comme obligation ; et si elle vaut comme obligation,

c'est que les parties avaient la capacité nécessaire pour passer un contrat ou un quasi-contrat valable.

Notre solution est donc en conformité avec l'article 1272 où il est dit que « la novation ne peut s'opérer qu'entre per-« sonnes capables de contracter. » Nous savons, en effet, qu'il y a deux sortes de capacités : la capacité légalement reconnue ou présumée de droit, et la capacité prouvée ou de fait.

Ainsi, comme à Rome, sous l'empire du droit français, l'obligation naturelle peut être novée ou opérer elle-même une novation. Dans ce dernier cas, que le créancier soit tout d'abord naturel ou civil, par l'effet de la novation il ne pourra être que créancier naturel.

Dans le premier cas, au contraire, on ne peut dire d'une façon générale quelle est la force obligatoire de la nouvelle obligation. Il faut examiner chaque espèce en fait et répondre suivant les cas. — Si nous supposons qu'un mineur obligé naturellement fasse lui-même novation après avoir atteint sa majorité, aucun doute n'est possible, il devient débiteur civil. Mais si c'est un tiers qui, sur la demande du créancier, consent à opérer novation d'une obligation naturelle, sans en connaître la force, et si le créancier garde le silence à cet égard, à l'instar de ce que nous avons dit pour la caution, nous décidons que ce nouveau débiteur, bien qu'il soit en pleine capacité, n'est obligé que naturellement. Toutes les exceptions qui appartenaient à l'ancien débiteur, il pourra les opposer au créancier qui ne saurait bénéficier d'une ruse sans laquelle il n'eût pas décidé ce tiers intervenant à s'obliger aux lieu et place du débiteur primitif. Si, au contraire, il a été prévenu, ou s'il a connu la nature de l'obligation qu'il a voulu nover, il est obligé civilement, bien que son engagement ne le porte pas expressément, pourvu qu'il ait d'ailleurs une complète capacité de contracter ; parce qu'il est à présumer que le créancier, en consentant à la novation, a entendu avoir une créance civile.

En un mot, il faut à cet égard suivre l'intention exprimée ou présumée des parties.

Toute personne qui peut payer pour le compte d'un débiteur naturel peut aussi se substituer à ce débiteur. Mais ce paiement, comme cette novation, ne saurait nuire à celui dont la dette est éteinte, non plus qu'à celui qui était à l'abri des poursuites de son créancier. En effet, la condition du premier débiteur ne peut empirer sans son fait. Aussi décide-t-on, et avec raison, que le nouveau débiteur ne peut obtenir, en payant le créancier, que l'avantage d'être subrogé aux droits de celui-ci tels qu'ils existent, avec leur même nature, leur même sanction. Il n'a aucun recours direct contre le débiteur naturel.

SECTION V

DROIT DE RÉTENTION

Le droit de rétention, nous l'avons dit, est basé sur l'équité. Il serait donc bien étonnant que le législateur français le repoussât ; et le silence même qu'il aurait gardé à cet égard, loin de nous faire présumer son intention de le proscrire, serait pour nous la preuve qu'il a voulu consacrer les décisions du droit romain.

Il y a plus : cette volonté d'accepter le droit de rétention est clairement exprimée dans les articles 548 et 1948. Ces deux textes sont généraux ; ils ne font aucune distinction. Pourquoi donc en ferions-nous ? Pourquoi voudrions-nous autoriser le droit de rétention pour le créancier civil et le dénier au créancier naturel ? L'origine de ce droit, la tradition, nos articles eux-mêmes s'y opposent.

Il est donc bien constant que le droit de rétention est, dans notre législation, un effet de l'obligation naturelle aussi bien que de l'obligation civile.

Mais quelle est l'étendue de ce droit ? Quels en sont les avantages ? — La créance, même naturelle, acquise à l'occasion de l'objet qu'on doit, permet de retenir cet objet en sa possession jusqu'à complet désintéressement. — Telle est la formule que nous avons donnée en droit romain ; telle est celle que nous donnons encore ici du droit de rétention.

Du reste, il est aisé d'éviter toute confusion entre ce droit et la compensation, qui, dans notre législation, s'opère de plein droit, indépendamment de tout procès, par le fait seul de la coexistence simultanée de deux dettes exigibles et liquides, ayant chacune pour bénéficiaire celui-là même qui a l'autre à sa charge. — Il est évident que l'obligation naturelle, à la différence de l'obligation civile, ne donne pas droit à la compensation. Ce serait, on le comprend, paralyser complétement la protection dont la loi entoure les personnes présumées incapables. Par un certain côté, ce serait plus que soumettre ces personnes au droit d'action, puisque leurs créanciers n'auraient qu'à contracter vis-à-vis d'elles des dettes, jusqu'à concurrence de la valeur de leurs créances naturelles, pour être sûrs d'en toucher indirectement le paiement, sans avoir seulement la crainte de voir échouer des poursuites longues et dispendieuses.

C'est une question vivement débattue que celle de savoir si le droit de rétention est une cause de préférence. — Il en est qui distinguent (1) entre les créanciers chirographaires et

(1) M. Massol entre autres.

ceux qui ont un privilége ou une hypothéque. Le droit de
rétention est, disent-ils, un titre opposable aux premiers et
non pas aux seconds, s'il y a conflit entre eux et le créancier
détenteur. On arrive ainsi à faire du droit de rétention un
véritable privilége.

Nous n'hésitons pas à repousser une telle doctrine. Le
droit de rétention ne saurait être assimilé au privilége. C'est
un droit tout à la fois moins fort et plus fort que le privilége.
— Tant qu'un créancier est nanti de la chose sur laquelle
porte son droit de rétention, il peut dire aux autres créanciers, même hypothécaires ou privilégiés : vous ne me dépos-
séderez pas jusqu'à ce que vous m'ayez désintéressé. —
Mais dès qu'il s'est laissé dessaisir, pour procéder à la vente
de la chose qu'il retenait, il n'a plus aucun droit de préférence sur cette chose. Cette solution tient à ce que la faculté
de retenir ne confère pas un droit de préférence proprement
dit, mais un droit *sui generis*, qui cesse d'exister dès qu'il y
a dessaisissement de l'objet sur lequel il s'exerce. Le nantis-
sement est une condition essentielle, tant pour la création
que pour le maintien de ce droit spécial.

Tel est, en résumé, le droit de rétention, tels en sont les
avantages. Qu'il appartienne à un créancier civil ou à un
créancier naturel, sa nature est la même, ses effets ne sont
point modifiés.

SECTION VI

L'OBLIGATION NATURELLE FAIT PARTIE DES BIENS
DU CRÉANCIER

Comme l'obligation civile, l'obligation naturelle fait partie
du patrimoine du créancier. C'est la conséquence de tous

les effets de l'obligation naturelle, plutôt qu'un effet distinct
et indépendant. C'est parce que l'obligation naturelle peut
être cautionnée, ratifiée, novée ; c'est parce qu'elle donne le
droit de rétention et met obstacle à la répétition ; en un
mot, c'est parce que l'obligation naturelle produit la plupart
des effets de l'obligation civile, qu'elle fait partie des biens
du créancier.

Il n'en est pas de même de l'obligation morale qui exclut
pourtant la possibilité de répéter. Nous avons dit que la non
répétition n'était pas à proprement parler un effet de l'obligation, puisque cette impossibilité prend naissance alors seulement que l'obligation est éteinte. Quant aux effets proprement dits de l'obligation naturelle, ils sont inapplicables à
l'obligation morale.

Ainsi l'obligation naturelle, à l'exclusion du devoir de
conscience, fait partie des biens du créancier : lorsqu'on s'en
acquitte, on fait non pas une libéralité, mais un paiement, qui
n'est ni sujet à révocation, ni rapportable, ni imputable sur la
réserve ; la cession qu'on en fait, soit entre vifs, soit par testament, ne saurait être utilement attaquée ; le créancier naturel qui devient héritier de son débiteur, a le droit de faire
un prélèvement égal au montant de sa créance, avant de procéder à l'évaluation de la quotité disponible que réclament
les légataires ; enfin, la chose due en vertu d'une obligation
naturelle venant à être livrée, les créanciers civils du débiteur qui s'est ainsi volontairement libéré ne peuvent point
faire rescinder le paiement sous prétexte qu'ils en éprouvent
un préjudice, car ce paiement a pour cause une dette.

Dans ces diverses situations, la solution serait autre à
l'égard de l'obligation morale.

A ce propos, M. Massol donne une explication toute neuve
de l'article 2225, où il est dit que « les créanciers peuvent

« opposer la prescription, encore que le débiteur ou le pro-
« priétaire y renonce. » — On sait, dit-il, que la prescription éteint l'obligation naturelle aussi bien que l'obligation
civile. Si donc le débiteur, n'invoquant pas l'exception tirée de
la prescription, paie après le temps nécessaire à son accomplissement, il ne fait pas un paiement, il fait une libéralité, il
acquitte un simple devoir de conscience. Or, les créanciers
ont le droit de s'opposer à ce que leur débiteur accomplisse,
à leur détriment, ce qui, aux yeux de la loi, ne passe pas
pour une véritable obligation.

Voilà, si nous avons bien compris, le sens que l'auteur
donne à notre article 2225.

Nous refusons d'admettre une telle interprétation. Le motif péremptoire de ce refus, c'est que la prescription, pour produire son effet extinctif de toute obligation, même naturelle,
a besoin d'être invoquée par le débiteur ou ses ayants cause
avant tout paiement. Il ne suffit pas, pour qu'il y ait extinction par prescription, que le temps nécessaire à son accomplissement soit écoulé.

Vous achetez une terre, moyennant un prix de.... payable
lors de la livraison. Vous êtes mis en possession de cette
terre et vous ne payez pas. Trente ans se passent sans
qu'aucun acte interruptif soit intervenu. Au bout de ce temps,
votre vendeur se présente pour vous réclamer le montant du
prix de vente, et vous payez sans objection. Faites-vous une
libéralité ? Vos créanciers peuvent-ils se prétendre lésés et
faire annuler cet acte, comme étant une libéralité faite en
fraude de leurs droits ? Nullement. C'est bien un paiement
que vous effectuez. Vous acquittez une dette, civile ou naturelle, suivant l'état de capacité où vous étiez au moment du
contrat de vente, mais une dette juridiquement existante.

Plusieurs autres systèmes ont été proposés sur cet article

2225. Nous ne les reproduisons pas. Si nous avons parlé de celui que propose M. Massol, c'est qu'il importait d'en faire la réfutation, parce qu'il aurait pu donner des idées fausses, selon nous, sur la portée même de la prescription.

On sait qu'aux termes de l'article 1166, les créanciers peuvent exercer tous les droits de leur débiteur, *sauf ceux qui sont attachés exclusivement à la personne.* Or, la nature de la prescription aurait pu faire croire que le droit de l'invoquer est une *faculté personnelle* à celui qui doit en bénéficier directement. La loi a voulu prévenir toute espèce de doute à cet égard. Notre article 2225 n'a pas eu d'autre objet. — Tant que le débiteur n'a pas payé, ses créanciers peuvent intervenir au procès ou appeler d'un jugement rendu en première instance, pour faire valoir la prescription à laquelle a droit leur débiteur et qu'il n'a pas invoquée.

Cette interprétation, nous la trouvons dans les paroles de M. Bigot-Préameneu lui-même, qui s'exprimait ainsi dans son discours au conseil d'État : « Ce serait une erreur de « croire que la prescription n'a d'effet qu'autant qu'elle est « opposée par celui qui a prescrit, et que c'est au profit de « ce dernier une faculté personnelle. La prescription établit, « ou la libération, ou la propriété ; or, les créanciers peu- « vent, ainsi qu'on l'a déclaré au titre des obligations, exer- « cer les droits et les actions de leur débiteur, à l'exception « de ceux qui sont attachés exclusivement à la personne. La « conséquence est que les créanciers peuvent opposer la « prescription, encore que le débiteur ou le propriétaire y « renonce. »

La pensée du législateur est celle-ci : Il n'est pas nécessaire pour que la prescription produise son effet, que ce soit celui au bénéfice duquel s'est accomplie la prescription, qui l'invoque. Elle peut l'être utilement, soit par la personne même qui a prescrit, soit par ses créanciers, si cette personne néglige de s'en prévaloir. — L'article 2225 n'a trait, on le voit, qu'au principe général de l'article 1166. Il s'applique également à l'obligation naturelle et à l'obligation civile. Il ne fait donc nullement brèche à notre thèse, que l'obligation naturelle, comme l'obligation civile, fait partie des biens du créancier.

CHAPITRE II

COMMENT S'ÉTEINT L'OBLIGATION NATURELLE

Nous allons retrouver la plupart des modes qui, en droit romain, aboutissaient à l'extinction de l'obligation naturelle. Mais il en est qui, étant spéciaux au droit romain, tels que l'*acceptilatio*, la *capitis deminutio*, sont bannis de notre droit.

SECTION I

DU PAIEMENT. — DE LA NOVATION. — DE LA COMPENSATION

Le paiement est le mode d'extinction par excellence. C'est le but de toute obligation, la satisfaction que se proposent les parties. Dès que ce but est atteint, dès que cette satisfaction est remplie, l'obligation a cessé d'exister. Peu importe que cette obligation soit civile ou naturelle. Le paiement, on le conçoit aisément, anéantit l'une aussi bien que l'autre.

L'application de ce principe n'apporte aucune difficulté, lorsqu'on se trouve en présence d'une obligation unique et d'un paiement intégral. Mais, lorsqu'une personne, créancière d'une autre à un double titre, reçoit de celle-ci un paiement insuffisant pour couvrir ses deux créances, dont l'une est naturelle et l'autre civile, on se demande quelle dette est éteinte de préférence, en d'autres termes comment se fait l'imputation.

Le débiteur a-t-il exprimé sa volonté? Il faut la suivre. Le créancier ne peut se plaindre, si son débiteur prétend se libérer tout d'abord de son obligation civile. Si, au contraire, ce dernier est dans l'intention d'acquitter en premier lieu son obligation naturelle, il est certain que le créancier ne s'y opposera pas; dans tous les cas, il n'en aurait pas le droit.

A défaut de désignation faite par le débiteur, on doit se conformer, mais sous une certaine réserve, à la volonté exprimée par le créancier. Ainsi, parmi plusieurs créances civiles, il a le droit de spécifier celle qu'il veut éteindre en recevant le paiement insuffisant qui lui est offert. Mais il ne peut jamais faire l'imputation sur une créance naturelle, tant que ses créances civiles ne sont pas toutes éteintes.

Il est bon de remarquer que le débiteur et le créancier, dans l'imputation qu'ils font, n'ont aucun compte à tenir de la date à laquelle remontent leurs diverses obligations.

S'ils ont gardé le silence, c'est la loi qui règle l'imputation de manière cependant que toute dette civile soit acquittée préalablement à toute dette naturelle.

Quant aux intérêts, ils sont soldés avant le capital de la dette d'où ils proviennent.

Si nous supposons maintenant une obligation naturelle toute

seule et un paiement partiel, dirons-nous avec certains auteurs que ce paiement partiel, effectué par le débiteur naturel,
constitue une sorte de ratification et le rend débiteur civil pour
le surplus de son obligation ? Non, assurément. Le paiement ne
prouve nullement l'intention de transformer l'obligation puisqu'il a pour effet de l'éteindre. Cet effet extinctif, du reste,
ne se produit que jusqu'à concurrence du montant de la
somme payée. Pour le surplus, l'obligation subsiste telle
qu'elle était avant le paiement, avec sa même nature, sa
même force obligatoire.

Nous avons déjà parlé de la novation, en traitant des effets
de l'obligation naturelle ; et par ce que nous en avons dit, on a
déjà pu voir que c'était pour l'obligation naturelle, aussi bien
que pour l'obligation civile, un véritable mode d'extinction.

La compensation éteint l'obligation civile. Peut-elle éteindre l'obligation naturelle ? — Nous avons déjà posé cette
question sous une forme différente. Nous nous sommes
demandé si la compensation constituait un effet de l'obligation
naturelle ; et nous avons répondu négativement. Notre solution est ici la même : si un créancier naturel ne peut opérer
compensation, il est superflu de se demander si la compensation éteint l'obligation naturelle.

D'ailleurs, la compensation présuppose l'exigibilité de la
créance ; elle constitue un paiement forcé. Toutes choses
incompatibles avec la nature de l'obligation naturelle, qui
n'est point exigible et dont le paiement, pour être valable,
doit être volontairement effectué.

SECTION II

DE LA CONFUSION.

L'article 1300 dit expréssément que la confusion éteint l'obligation. Faut-il prendre ces termes à la lettre et en conclure qu'en droit français du moins, la confusion éteint réellement l'obligation, de telle sorte qu'elle ne puisse renaître par la cessation de la confusion et reprendre date du jour de sa création primitive ?

Nous ne saurions admettre une solution qui nous semble contraire aux principes de notre législation. Nous avons déjà fait voir que le droit romain repoussait un tel système. Et c'est pour nous un argument pressant que ces précédents historiques.

Le code aurait-il voulu innover ? Nous ne le pensons pas, et avec d'autant plus de raison que la confusion n'a pas changé de nature, qu'elle a toujours cet effet temporaire, par conséquent suspensif et non extinctif, que nous signalions sous l'ancienne législation.

Ne voyons-nous pas que le créancier qui hérite de son débiteur et accepte sous bénéfice d'inventaire, a droit au prélèvement du montant de sa créance et, à cet effet, vient en concours avec les créanciers chirographaires du défunt s'il n'a aucune cause de préférence, les prime s'il a une hypothèque, et prime aussi les créanciers hypothécaires eux-mêmes dont l'hypothèque est moins ancienne ? Qu'est-ce à dire ? Si ce n'est que la confusion, qui a duré tout le temps qui sépare l'instant où la succession s'est ouverte du moment où a été faite l'acceptation bénéficiaire, n'a pas éteint l'obligation, qui revit avec sa même date et ses mêmes garanties, mais l'a simplement tenue en suspens.

Tout ce que nous venons de dire est applicable aussi bien à l'obligation naturelle qu'à l'obligation civile. — La confusion une fois disparue, l'obligation naturelle subsiste telle qu'elle était avant la confusion des patrimoines, avec ses effets et ses garanties. Le créancier qui accepte bénéficiairement la succession de son débiteur naturel, peut recourir, comme avant l'ouverture de la succession, contre les cautions de ce débiteur.

SECTION III

DE LA REMISE DE LA DETTE

La remise de la dette correspond au pacte *de non petendo* du droit romain. Comme lui elle peut être temporaire, et alors, semblable en ce point à la confusion, elle ne fait que suspendre l'exigibilité de la créance ; comme lui elle peut être perpétuelle, et alors elle se présente comme un véritable mode d'extinction. C'est à proprement parler dans ce dernier cas seulement qu'il y a remise de la dette.

La remise de la dette proprement dite s'adresse, tantôt à tous les débiteurs quand il y en a plusieurs, et alors l'obligation est éteinte objectivement, tantôt à un seul ou à quelques-uns des débiteurs, et alors l'obligation n'est éteinte que subjectivement. Dans ce dernier cas, le créancier conserve sa créance jusqu'à concurrence de la part contributoire de chacun des autres coobligés. Le débiteur en faveur de qui a été faite la remise est seul à l'abri des poursuites; la part de la dette qu'il devait supporter se trouve seule éteinte.

Appliqué à l'obligation naturelle, le pacte de remise quand il est absolu libère la caution, fût-elle obligée civilement. Il faut qu'il en soit ainsi pour que, par le recours même indirect qu'aurait la caution contrainte de payer, la remise faite au créancier principal ne soit pas illusoire.

Cette décision découle encore de ce vieux principe qui nous vient du droit romain : « *accessorium sequitur principale.* » On voit donc qu'elle est éminemment juridique et qu'on ne saurait en rien s'en départir.

Nous en concluons que le concordat souscrit par un failli ne constitue pas une remise de dette, puisqu'il ne libère pas les cautions. Et nous décidons que les créanciers concordataires conservent pour le surplus leurs créances, avec leur même nature, leur même force obligatoire.

Mais si le concordat ne peut être assimilé au pacte de remise proprement dit, il se rapproche du moins du pacte de remise temporaire, avec cette condition en plus, que l'époque de l'exigibilité sera déterminée par l'acquisition des nouvelles ressources pécuniaires venant accroître le patrimoine du débiteur.

SECTION IV

DE LA PRESCRIPTION

En droit romain, la prescription dûment invoquée et formulée par le débiteur civil ou naturel faisait disparaître tout lien juridiquement obligatoire. — Voyons si notre législation, contrairement à la tradition romaine, aurait déclaré l'obligation naturelle imprescriptible lorsqu'elle est isolée; ou tout au moins aurait voulu la faire succéder à l'obligation civile prescrite.

§ 1er *Effets de la prescription sur l'obligation naturelle isolée*

Il importe à la société que l'état anormal d'un créancier, qui reste des années sans poursuivre son débiteur en recouvrement d'une créance exigible, ne se prolonge pas indéfiniment. Il importe surtout à la sûreté des particuliers et de l'Etat qu'un créancier ne puisse pas, de longues années après avoir été désintéressé, réclamer un second paiement à son débiteur ou aux héritiers de ce dernier, qui n'auraient pas eu la prudence de conserver le titre de libération.

C'est pour remédier à des abus de ce genre que le législateur accorde au débiteur la possibilité de se prétendre libéré, en invoquant simplement un certain laps de temps sans produire aucun titre.

Le possesseur d'immeubles ou de meubles incorporels jouit d'une faculté analogue. A défaut de titre, le laps de temps procure l'acquisition de la propriété.

Ainsi la prescription est un moyen d'accroître le crédit et de faciliter la circulation des biens. Comme l'obligation naturelle, c'est une institution du droit social, c'est une mesure d'ordre public.

En France, comme à Rome, il est donc vrai de dire que l'obligation naturelle est éteinte par la prescription. Elle ne saurait subsister à l'encontre du droit des gens d'où dérivent ces deux institutions.

On nous oppose l'article 2262, où il est dit que « toutes « les actions, tant réelles que personnelles, sont prescrites « par trente ans. » Si la loi ne parle que des actions, c'est que, peut-on dire en effet, les obligations sanctionnées par une action sont seules prescriptibles.

Nous repoussons cette interprétation ; et il ne nous semble pas étonnant que nos législateurs aient été surtout préoccupés des obligations civiles, comme étant les plus importantes. Mais parce qu'elles sont seules mentionnées dans notre article, nous ne pensons pas qu'on puisse en conclure que les autres en soient exclues.

Remarquons d'ailleurs que l'obligation naturelle elle-même peut conférer une action au créancier, si une personne s'est portée caution en parfaite connaissance de cause. Faut-il, dans ce cas, mais dans ce cas seulement, dire que l'obligation naturelle est prescrite? ou bien faut-il scinder le cautionnement de l'obligation naturelle d'où il tire toute sa force, et dire que l'engagement civil résultant du cautionnement est seul prescrit?

L'une et l'autre solution aboutissent à des conséquences complétement illogiques ; et il nous semble bien plus conforme aux principes de reconnaître que, dans notre article, comme dans beaucoup d'autres, la loi a statué sur le *plerumque que fit*.

L'article 2257, disposant que la prescription ne court pas avant l'échéance du terme, ne présente pas la difficulté que prétendent nous opposer les partisans du système de l'imprescriptibilité.

Comme l'obligation civile, l'obligation naturelle peut être à terme ; et, jusqu'à l'arrivée de ce terme, elle est imprescriptible. Mais de ce que le créancier ne peut point poursuivre son débiteur naturel, il ne s'ensuit pas que ce dernier ne puisse prescrire sa libération. Il ne faut pas confondre l'exigibilité avec l'échéance. Une obligation même civile peut être échue sans être exigible ; elle n'en est pas moins prescriptible. Tel est le cas où un créancier civil aurait consenti une remise temporaire pour le paiement d'une dette échue. — Le plus ordinairement, l'obligation naturelle est échue sans être exigible. Mais il arrive aussi que l'exigibilité coïncide parfaitement avec l'échéance; comme lorsque une personne s'est engagée à titre de caution civile pour garantir une obligation naturelle à terme. Si, dans ce dernier cas, l'obligation naturelle est prescriptible, comment ne pas décider ainsi dans tous les cas ? La prescriptibilité ne saurait dépendre, en effet, de l'existence d'un engagement accessoire.

Il est donc constant, selon nous, que l'obligation naturelle isolée, fût-elle cautionnée ou non, est prescriptible comme l'obligation civile, et à partir de la même date, celle de l'échéance, qui n'est pas toujours celle de l'exigibilité. C'est la solution que nous avons donnée en droit romain. Elle est conforme aux principes et aux textes mêmes de nos lois.

§ 2me *Effets de la prescription sur l'obligation naturelle concomitante avec l'obligation civile*

Zacharie enseigne (1) que la prescription portant sur une obligation civile laisse subsister l'obligation naturelle. Un droit prescrit, dit-il, ne peut servir de cause à un droit nou-

(1) T. V, p. 825.

veau. Si donc on soutient que la prescription efface même
l'obligation naturelle, comment cette obligation, réduite à
néant, servirait-elle de cause à un nouvel engagement consenti pour tenir lieu de la dette primitive? On sait pourtant
qu'après le temps requis pour la prescription libératoire, le
débiteur peut prendre l'engagement de faire valoir, à nouveau, la créance qu'on a contre lui.

Tel est le motif déterminant pour cet auteur, qui semble
confondre l'obligation naturelle avec le devoir moral. D'après
lui, l'obligation naturelle succède à l'obligation civile éteinte
par prescription.

C'est là une donnée contraire au système que nous avons
fait prévaloir en droit romain. Aucun article dans notre code
ne peut faire songer à une scission sur ce point entre les
deux législations, et la solution que nous avons adoptée dans
notre précédent paragraphe vient confirmer cette opinion, que
la prescription de l'obligation civile ne laisse subsister aucun
lien juridique, même naturel.

Seul, le lien moral n'est pas détruit par la prescription.
Or, l'obligation de conscience, bien distincte de l'obligation
naturelle, peut servir de cause à la création d'une obligation
civile.

Jusque-là nous sommes en parfait accord avec M. Massol
dont nous venons de rapporter la doctrine. Mais nous nous
séparons de lui lorsqu'il dit que l'abandon du droit à la
prescription constitue l'acquittement, non pas d'une obligation juridique, mais d'un devoir moral. — Pour cet auteur,
celui qui, soumis à une poursuite tardive, renonce à se
prévaloir de son droit à la prescription et paie au requérant le
montant de sa dette, celui-là fait non pas un paiement proprement dit, mais une libéralité, il acquitte un devoir de
conscience.

A ce compte, il n'y aurait pas de différence entre celui qui paie sans rien objecter et celui qui, après avoir repoussé une demande en paiement, par l'exception tirée de la prescription, consent, avant tout procès, ou du moins avant le jugement, à payer ce dont il pouvait, en vertu d'une présomption légale, se dire libéré. C'est qu'en effet, l'auteur n'établit aucune distinction entre les deux cas ; il les assimile l'un à l'autre.

Et pourtant ne résulte-t-il pas de la force même des choses et de l'article 2223 que, les deux espèces étant différentes, les résultats doivent aussi être différents ?

Lorsqu'un créancier se présente avec un titre dont la date remonte à plus de trente ans, et que, depuis cette époque, il n'a rien fait pour arrêter le cours de la prescription, on peut légalement lui refuser tout paiement. Mais si durant cet intervalle il a actionné le débiteur en reconnaissance de sa dette, ou si ce dernier lui a donné amiablement une reconnaissance écrite ou même verbale, dans le cas ou la dette est inférieure à cent cinquante francs, la prescription a cessé de courir durant tout le temps écoulé depuis la création de l'obligation jusqu'au jour de cette reconnaissance. Or, on comprend que le débiteur, intéressé à dénier ces actes interruptifs, soit seul appelé à opposer la prescription au titre qui constate son obligation. Par là, il oblige le créancier à faire la preuve que, si trente ans se sont écoulés, le cours de la prescription a été légalement interrompu, et le débiteur est en droit de combattre cette preuve. Mais si le débiteur ne se défend pas, s'il paie sans objection, il reconnaît implicitement l'existence d'actes interruptifs ou d'une cause suspensive de la prescription.

Telle est la signification de l'article 2223 qui dispose que « les juges ne peuvent suppléer d'office le moyen résultant « de la prescription. » Un débiteur ne pourrait donc pas être acquitté, lors même qu'il y aurait vraiment lieu à prescription, s'il ne s'en est pas prévalu; il est condamné comme débiteur civil; et s'il paie avant le jugement, c'est bien une dette civile qu'il acquitte.

Ainsi, il faut distinguer les deux cas, dont nous parlions tout-à-l'heure. — Dans le premier, c'est un véritable paiement qui est effectué, c'est une dette civile (1) qui est éteinte et non pas une dette naturelle comme le veut Zachariæ, ou une dette morale selon l'opinion de M. Massol. — Dans le second, c'est une libéralité qui est faite et non un paiement, c'est une dette purement morale qui est acquittée et non une dette civile ou naturelle.

La prescription opère sur l'obligation naturelle comme sur l'obligation civile; elle est sans effet sur l'obligation morale.

SECTION V

DE LA CHOSE JUGÉE

« Ce qui est jugé est tenu pour vrai. » Ce principe remonte à l'époque du vieux droit romain où l'on disait de même : « *res judicata pro veritate accipitur.* » Il est aussi de tous les lieux : chez tous les peuples, les sentences rendues en dernier ressort sont inviolables. C'est là un principe qui intéresse l'ordre public, et dérive du droit social. Telle est la stabilité des jugements, qu'un auteur (2) a pu dire : « Si l'on a obtenu la contrainte par corps dans un cas où elle

(1) M. Troplong, De la prescription, t. I, n° 20.
(2) M. Bioche, Dict. de procédure, t. III, p. 618.

« n'était pas permise, l'autorité de la chose jugée est telle
« que le créancier peut exercer cette mesure rigoureuse. »

Si, comme la prescription, l'autorité de la chose jugée est
une institution de droit social, comment l'obligation naturelle pourrait-elle subsister après un jugement définitif? Il
faut donc le reconnaître, en droit français comme en droit
romain, le jugement rendu en dernier ressort, qui prononce
la libération du débiteur, ne laisse pas plus place à l'obligation naturelle qu'à l'obligation civile.

Seule, l'obligation morale subsiste, car elle est toujours du
côté de l'équité; tandis que l'obligation naturelle, en certains
cas donnés, peut s'en écarter. En effet, si elle est basée sur
l'équité, elle l'est aussi sur l'ordre public et sur l'intérêt
social.

Cette solution que nous venons de donner sur les résultats
de la prescription et de la chose jugée est, pourrait-on penser, en désaccord avec la règle absolue que nous avons donnée comme étant le critérium infaillible, le signe assuré auquel on peut distinguer l'obligation naturelle du devoir de
conscience. — L'obligation naturelle, avons-nous dit, ne peut
naître que d'un contrat ou d'un quasi-contrat. L'obligation
purement morale ne peut être le résultat ni de l'un ni de
l'autre. — Or, peut-on dire, n'est-ce pas en vertu d'un
contrat ou d'un quasi-contrat, que le débiteur qui a prescrit
sa dette ou qui est libéré par jugement, se trouve encore
obligé? N'est-ce pas l'engagement résultant d'un contrat ou
d'un quasi-contrat que ce débiteur acquitte, quand il paie sa
dette après avoir invoqué la prescription, ou après avoir
obtenu un jugement de libération?

C'est là justement qu'est l'erreur. Le contrat ou le quasi-contrat qui a fait naître une obligation a cessé de produire son effet, puisque, soit la prescription, soit l'autorité de la chose jugée fournit la preuve légale de l'extinction de ladite obligation.

Mais, nous dit-on, cette extinction résulte de présomptions qui, à l'exemple des présomptions de la minorité, de l'interdiction ou de certains autres faits, peuvent bien détruire l'obligation civile, mais non pas l'obligation naturelle, qui est le correctif apporté aux rigueurs du droit purement civil. — Il n'en est rien encore. On ne doit pas croire, en effet, que toutes les présomptions légales ont la même force.

Les unes, et nous en parlerons en traitant des différents cas d'obligations naturelles, ne sont pas inflexibles, parce que, basées sur le droit privé, elles n'ont été prises en considération par le législateur que dans le but de protéger les intérêts particuliers de certaines catégories de personnes. Celles-là laissent place, on le comprend, au lien juridique qui dérive du droit social, l'obligation naturelle.

Les autres, basées sur le droit social lui-même, ont été adoptées par le législateur dans le but de protéger l'ordre public et l'intérêt général. Celles-ci, juridiquement parlant, ne peuvent fléchir, même en présence d'une contradiction de fait ; elles détruisent l'obligation naturelle aussi bien que l'obligation civile.

L'obligation de conscience seule peut survivre, parce qu'elle appartient au domaine de la morale, qui ne saurait s'accommoder des présomptions humaines et n'a que la conscience pour juge.

SECTION VI

DE LA PRESTATION DE SERMENT

En droit français, comme en droit romain, on reconnaît deux sortes de serments, désignés dans la pratique sous les noms de *serment supplétoire* et *serment décisoire*.

Ce n'est pas une division purement nominale. Elle est utile à cause des différences marquées qui existent quant aux résultats pratiques de chacun de ces deux serments.

Sans revenir sur la théorie complète que nous avons exposée à ce sujet en droit romain, nous rappelons seulement que le serment supplétoire ne produit par lui-même aucun effet : il ne lie pas le juge ; il est toujours suivi d'un jugement proprement dit, et c'est le jugement, non le serment prêté, qui éteint l'obligation tant naturelle que civile.

Le serment décisoire, au contraire, est une transaction extra-judiciaire ou judiciaire qui produit son effet par elle-même et par elle seule ; elle lie le juge et n'aboutit point à un jugement proprement dit. Le juge ne fait que donner acte de la transaction qui s'est passée sous ses yeux.

De même que le jugement, le serment décisoire éteint l'obligation naturelle, aussi bien que l'obligation civile.

Ajoutons qu'aux termes de l'article 1363, la partie qui a déféré le serment n'est point recevable à en prouver la fausseté, ni même à s'en prévaloir, alors même qu'elle serait constatée par une décision judiciaire rendue au criminel. Le motif de cette disposition est facile à saisir. C'est que celui qui défère le serment consent par là même à prendre son adversaire pour arbitre suprême.

Il n'en est ainsi que pour le serment décisoire. La fausseté du serment supplétoire peut, au contraire, être prouvée par la partie adverse, car ce n'est pas elle qui a déféré le serment.

SECTION VII

DE LA CESSION DE BIENS. — DE LA FAILLITE — DU CONCORDAT

Si l'on veut parler de la cession judiciaire, désignée communément sous le nom de bénéfice de cession de biens, il faut reconnaître que chez nous, comme à Rome, cette protection accordée au débiteur de bonne foi, contre les poursuites inopportunes de ses créanciers, n'affecte ni l'obligation naturelle ni l'obligation civile, qui, réduites à raison de la portion acquittée, demeurent pour le surplus avec leur même nature et leurs mêmes caractères.

Quant à la cession volontaire, elle produit le même effet que le serment décisoire, l'extinction de l'obligation civile ou naturelle. Si un créancier civil consent à abandonner sa créance, sans formuler aucune restriction, il n'est pas à présumer qu'il entend se réserver une créance naturelle. On ne comprend pas la possibilité de cautionner une obligation volontairement abandonnée par le créancier.

Nous disons plus. Si un créancier, en acceptant la cession de biens que lui fait son débiteur, se réserve expressément pour le surplus une créance naturelle, nous voyons là, non pas la transformation de l'ancienne obligation, mais la création d'une nouvelle obligation destinée à remplacer la première, et qui a pour date le moment même de sa création.

Du reste, l'obligation naturelle ou civile demeure intacte si les créanciers se bornent à donner un délai à leur débiteur.

C'est par les mêmes principes que nous arrivons à décider, ainsi que nous l'avons déjà dit, que le concordat laisse subsister intactes pour le surplus les obligations tant civiles que naturelles.

Le concordat, en effet, tient de la cession forcée, puisqu'il est le résultat d'une volonté imposée à la minorité par la majorité, et puisque ceux-là même qui forment cette majorité ne sont pas libres, pressés qu'ils sont par les mesures coûteuses de la faillite.

Quant à l'état de faillite en lui-même, il n'affecte nullement la personnalité juridique du failli, en ce qui touche les obligations antérieurement contractées ; il demeure civilement ou naturellement obligé, selon ce qu'il était auparavant. Les cautions restent tenues, soit après la déclaration de faillite, soit après le concordat, et de la même façon.

CHAPITRE IV

DES CAS DANS LESQUELS SE RENCONTRE L'OBLIGATION NATURELLE

Nous avons déjà dit que les obligations naturelles ont leur cause génératrice dans une présomption légale d'incapacité, chez celui qui s'oblige par un contrat ou un quasi-contrat.

Cette présomption repose d'ailleurs sur des motifs divers, tels que la faiblesse de l'âge ou du sexe, l'affaiblissement des facultés intellectuelles et autres faits que nous allons étudier successivement. Mais auparavant voyons si, en dehors de cette présomption d'incapacité personnelle, il y a d'autres causes génératrices de l'obligation naturelle. Voyons si, par exemple, les dispositions prohibitives ou abolitives de certains engagements, lorsqu'elles ont été prises dans un but politique, laissent place à l'obligation naturelle.

Nous avons déjà eu l'occasion de le dire, l'obligation naturelle peut exister à l'encontre d'une disposition d'intérêt privé, mais elle ne peut se trouver en conflit avec une mesure d'intérêt social. Ce principe est formellement consacré dans l'article 6 de notre code civil : « On ne peut déroger par des « conventions particulières aux lois qui intéressent l'ordre « public et les bonnes mœurs. »

Non-seulement on ne peut y déroger à l'avenir, mais encore toute convention qui se trouve en contradiction avec une nouvelle disposition d'intérêt public est anéantie malgré sa légitimité antérieure.

C'est ainsi que nous décidons, contrairement à MM. Toullier (1) et Zachariæ (2) qui ne discernent point assez l'obligation naturelle proprement dite du devoir moral, mais d'accord avec M. Massol, que la suppression, sans indemnité, des rentes féodales consenties, dans notre ancien droit, pour prix du transfert de la propriété, ne peut donner naissance à l'obligation naturelle.

En abolissant les rentes féodales, les législateurs révolutionnaires ont voulu remédier à un état de choses qu'ils jugè-

(1) T. VI, n° 186.
(2) T. II, p. 257.

rent contraire à l'intérêt général. Et il suffit que le législateur ait eu en vue l'utilité publique, pour que ses dispositions ne puissent être violées par l'existence même d'une obligation naturelle.

Ce n'est pas à dire que le débiteur de la rente, qui, depuis notre législation intermédiaire, aurait continué de payer sa redevance annuelle, ait la faculté de répéter. Il ne l'a pas ; car l'obligation morale n'a pas cessé d'exister pour ce débiteur, et on ne peut revenir sur l'exécution de ce qu'on doit en conscience.

Ce serait encore une erreur de croire qu'en écartant, dans l'espèce, l'obligation naturelle comme l'obligation civile, nous reconnaissons par là que l'engagement du débiteur de la rente féodale ne peut pas servir de base à une seconde convention parfaitement valable. Ne savons-nous pas en effet, que le devoir de conscience peut devenir la cause d'une véritable obligation ?

C'est pour avoir confondu la dette morale et la dette naturelle, que M. Toullier (1) argumente de cette validité d'une convention postérieure, basée sur une telle cause, pour décider que les débiteurs de rentes féodales, civilement libérés par les dispositions législatives de la convention, demeurent au moins obligés naturellement. L'auteur cite à l'appui de son opinion un arrêt de la cour de cassation, rendu le 3 juillet 1811, où il est dit qu'une cause naturelle est suffisante pour la validité des actes. Mais ces mots : *cause naturelle*, n'ont point ici le sens strict que M. Toullier leur applique.

De même, l'acquéreur de biens nationaux qui aurait payé à l'ancien propriétaire une certaine somme, à titre d'indemnité, ne serait pas recevable à répéter. Et si cet acquéreur s'était

(1) T. VI, n° 383 et 186.

engagé, vis-à-vis du propriétaire dépouillé, à lui payer une somme considérée comme représentative de la valeur du bien acquis, il ne pourrait, sans le consentement de ce dernier, revenir sur cette obligation civilement obligatoire. Pourtant cet acquéreur de biens nationaux lui aussi, par le seul fait de son acquisition, n'est soumis à aucune obligation, même naturelle, vis-à-vis du propriétaire évincé.

Dans l'un et l'autre cas, en effet, ni le cautionnement, ni la novation, aucune des garanties, en un mot, qui ajoutent à la force juridique de l'obligation naturelle ne peuvent intervenir.

Cette doctrine est consacrée par la jurisprudence de la cour de cassation (1). Car si la cour suprême déclare qu'une obligation *naturelle* repose sur la tête, soit de l'ancien débiteur de la rente féodale, soit du possesseur de biens nationaux, les considérants des arrêts expliquent le sens qu'elle attache à cette expression improprement employée par elle.

Nous n'avons parlé que de l'obligation morale dont se trouve tenu l'acquéreur de biens nationaux. On doit décider de même que l'état est, en conscience, obligé à restitution.

Encore une question préliminaire : La vente de la chose d'autrui constitue-t-elle une obligation naturelle ? On sait que la vente de la chose d'autrui est nulle. Mais cette nullité détruit-elle tout lien juridique ? Ou bien faut-il dire avec M. Massol que le législateur, en la prononçant, a voulu plutôt éviter des difficultés d'interprétation que poser des bornes à la liberté des conventions, et que dès-lors cette prétendue nullité, ne devant être acceptée qu'avec les modifications que l'équité conseille, n'efface pas l'obligation naturelle ?

Si l'on se place au vrai point de vue, on ne comprend pas

(1) Arrêts du 3 juillet 1811, du 3 décembre 1813 et du 23 juillet 1833.

cette dernière solution. — La vente en droit français n'oblige pas seulement à mettre et maintenir l'acheteur en possession de la chose vendue; elle oblige encore le vendeur à transférer la propriété, quand elle n'opère pas par elle-même cette mutation de propriété. Comment donc celui qui n'a ni la propriété de la chose vendue, ni le pouvoir de la vendre, pourrait-il s'obliger naturellement à transférer une propriété qu'il n'a pas, et dont il ne peut disposer au détriment du véritable propriétaire illégalement dépouillé ? Il n'y est pas même obligé moralement.

Toutefois il est tenu de réparer le dommage qu'il a causé ; et cette obligation est même civile. Voilà pourquoi le vendeur de la chose d'autrui, après avoir effectué la délivrance, n'est pas recevable à demander l'annulation de la vente et la restitution de l'objet livré.

Mais il est temps de passer en revue les différents cas où l'obligation naturelle prend naissance. Cette étude viendra à l'appui de notre thèse, à savoir que l'incapacité de la personne contractant ou agissant est, dans notre législation du moins, la seule cause génératrice de l'obligation naturelle.

SECTION I

DU MINEUR DE 21 ANS QUI TRAITE SANS L'AUTORISATION DE SON TUTEUR

Nos lois françaises protègent l'adolescent contre son inexpérience et la faiblesse de sa raison. Elles le mettent sous la garde d'une personne spécialement chargée d'administrer ses biens, et d'agir au nom de son pupille, tantôt seule et sans formalité pour les actes de minime importance, tantôt sur l'avis d'un conseil de famille et après diverses formalités pour les actes plus graves par leur nature et par leurs conséquences.

Ainsi deux classes d'actes pour les mineurs : ceux qui peuvent être valablement faits par le tuteur seul, comme un majeur agirait pour lui-même, et ceux qui sont en outre assujettis à des formes spéciales. Nous allons d'abord nous occuper des actes de la première catégorie.

Ces actes, le mineur tout seul peut les faire valablement, s'il n'en résulte pour lui aucune lésion (1). Il peut au contraire se faire restituer contre tout acte nuisible par lui-même.

On le voit, les actes passés par le mineur, alors qu'ils devaient l'être par son tuteur, ne sont point nuls ni même annulables ; ils sont seulement rescindables pour cause de lésion : « *Minor restituitur non tanquam minor sed tanquam læsus.* » Tel est le premier principe qui nous régit en cette matière, principe d'origine romaine, que notre législation a consacré dans l'article 1305.

Il ne suffit même pas qu'un acte soit nuisible, il faut encore que la lésion soit le résultat direct, ou tout au moins prévu, de cet acte, pour qu'il soit sujet à rescision (2).

De ces dispositions législatives, il résulte que les actes passés par le mineur seul sont valables, et valables civilement, tant que, sur sa demande, il n'en a pas obtenu la rescision pour cause de lésion.

Quelques auteurs tiennent pour la nullité de tels actes indépendamment de toute lésion. Pour eux le mineur en France

(1) Art. 1305 et 1306.
(2) Art. 1306.

est dans la même situation de capacité que le pupille à Rome. Ce sont, disent-ils, les actes dans lesquels figure le tuteur lui-même qui sont rescindables pour cause de lésion. Ils argumentent de l'article 481 du code de procédure civile, où il est dit : que le mineur peut recourir à la voie de la requête civile, s'il n'a pas été valablement défendu.

Cette argumentation tombe devant cette simple observation (1). Ce ne sont pas seulement les mineurs qui peuvent employer la requête civile dans cette circonstance, ce sont encore les communes, les établissements publics et l'Etat; et cependant ces personnes morales ne sont pas admises à se faire restituer pour cause de lésion (2).

Au surplus, l'opinion de ces auteurs est contredite par les articles 1304, 1305, 1306 et 1307 du code civil et par la cour de cassation qui, dans un arrêt dn 18 juin 1844, consacre pleinement notre doctrine (3).

Nous croyons pouvoir tenir pour démontré que les actes faits par le mineur seul, alors qu'ils devaient être passés par son tuteur sans autre formalité, sont, non pas nuls ou annuables, mais seulement rescindables pour cause de lésion.

Au contraire, ces mêmes actes, ces mêmes engagements passés par un tuteur pour son pupille sont pleinement valables et ne sont susceptibles de rescision, pour cause de lésion, que dans les deux cas exceptionnels (4) où un majeur agissant pour lui-même aurait la même faculté.

Cette opinion est consacrée par la jurisprudence et par la doctrine. Elle ne peut être sérieusement discutée.

(1) Val. sur Proud., t. 11, p. 468.
(2) V. l'art. 481 du code de procéd.
(3) Dallos, année 1844, 1re partie, p. 229.
(4) Lésion pour les vendeurs de plus des 7/12, — lésion pour le copartageant de plus du 1/4.

Mais quel est l'effet de la restitution accordée au mineur lésé? Est-il par là ... d ... toute obligation? ou bien demeure-t-il obligé na... ... ...?

Sur cette question nous n'hésitons pas à nous prononcer dans ce dernier sens. Oui, la rescision d'un engagement passé par une personne mineure laisse subsister l'obligation naturelle ; elle ne détruit pas le cautionnement qui peut même intervenir après la rescision, puisqu'on peut cautionner une obligation valable, et que telle est l'obligation du mineur restitué (1).

Quant à la force obligatoire de ce cautionnement, nous avons déjà dit, en traitant des effets de l'obligation naturelle, qu'elle varie suivant l'intention qui a présidé à l'acte par lequel la caution s'est engagée. A-t-elle voulu garantir le créancier, contre la possibilité même d'une restitution qui n'a pas encore été demandée? Son obligation est civile. A-t-elle voulu seulement garantir le créancier contre l'insolvabilité future de son débiteur? Son obligation devient naturelle après la restitution.

Il est bon de remarquer que la première intention sera plus facilement présumée que la seconde. Si lors de son engagement, la caution n'a fait aucune restriction, elle sera regardée comme ayant voulu s'obliger civilement.

Telle est la valeur juridique des actes de la première catégorie, quand ils sont passés par le mineur tout seul. Ils sont rescindables pour cause de lésion, et cette rescision laisse intacte l'obligation naturelle.

Quant aux actes de la deuxième catégorie, ceux que le tuteur ne peut faire sans l'avis de trois juriconsultes, ou même simplement sans l'autorisation du conseil de famille et l'homo-

(1) Art, 2012.

logation du tribunal, ils sont non pas rescindables pour cause
de lésion, mais annulables par le seul fait de l'omission de
l'une de ces formalités.

Telle est la doctrine que nous adoptons à l'exemple de la
plupart des auteurs. Ainsi c'est une nullité relative et non pas
absolue, temporaire, et non pas perpétuelle. Elle est établie
dans l'intérêt du mineur, qui seul peut la demander, et pendant dix ans seulement, à dater de sa majorité (1).

Peut importe que ces actes aient été passés par le tuteur
seul, ou par le mineur lui-même. Dans l'un et l'autre cas, les
conséquences sont les mêmes.

Il faut se garder de confondre les formalités nécessaires à
l'existence intrinsèque d'un tel acte, avec les formilités exigées,
à titre de protection, pour suppléer à l'incapacité de l'agent.
Bien différentes de celles-ci, celles-là sont de l'essence même
du contrat. Leur omission le rend inexistant, le frappe d'une
nullité radicale et absolue.

L'énumération complète qui se trouve plus haut, fait assez
voir quelles sont les formalités dont l'omission n'entraîne
qu'une annulabilité au profit du mineur.

Cette distinction entre la nullité absolue et la nullité relative ou annulabilité, donne la solution de cette question, à
savoir : si le mineur qui a obtenu la nullité d'un engagement
passé dans les conditions précédemment indiquées, est, oui
ou non, obligé naturellement.

Si en effet, d'une part, il faut que la nullité d'un tel engagement soit invoquée pour être prononcée, si, tant qu'elle
n'est pas demandée, le lien juridique subsiste en son entier ;
et si, d'autre part, cette nullité ne peut être demandée que
par le mineur lui-même ou son représentant, qu'est-ce à

(1) Art 1304.

dire? Sinon que le mineur est réellement obligé ; que s'il échappe à l'action dirigée contre lui, c'est grâce à une présomption légale d'incapacité, à une fiction du droit civil qui tombe devant la réalité et ne peut détruire l'obligation naturelle.

On voit qu'il faut assimiler, quant aux conséquences, l'annulation à la rescision. Celui qui a cautionné l'engagement d'un mineur se trouve obligé avec la même force, que l'acte cautionné soit annulable ou rescindable.

L'article 2012 est général ; il ne fait aucune distinction. C'est une preuve de plus en faveur de notre opinion.

En résumé, dans la législation française, lorsqu'on veut apprécier la valeur des engagements passés par le mineur tout seul, il faut distinguer. Les actes sont-ils assujettis à des formes particulières ? Ils sont annulables sans qu'il soit nécessaire de justifier d'une lésion. Au contraire, les actes ne sont-ils soumis à aucune forme spéciale ? Ils sont seulement rescindables, et la preuve de la lésion doit être rapportée.

Du reste, le mineur est obligé naturellement, soit après la rescision, soit après l'annulation.

SECTION II

DE L'OBLIGATION SOUSCRITE PAR UN MINEUR A L'ÉGARD DE SON TUTEUR

Ici, même théorie que précédemment. C'est toujours un mineur qui agit. Donc il est restituable. Et, comme il se trouve en présence de son tuteur que la loi a préposé dans le but de le protéger contre sa faiblesse et son inexpérience, comme ce tuteur a lui-même enfreint la loi en profitant peut-être de son ascendant, de son autorité sur son pupille, pour passer un contrat avec lui, les juges accepteront plus facilement la preuve de la lésion que le mineur doit fournir.

Du reste, tous les articles qui ont été invoqués dans la première section du présent chapitre, viennent confirmer l'assimilation de cette espèce à la première. Ils sont conçus en termes généraux et ne distinguent pas entre le cas où un mineur contracte avec un tiers et celui où il s'engage vis-à-vis de son propre tuteur.

Ainsi en était-il, à Rome, du mineur de vingt-cinq ans qui contractait, soit avec un tiers, soit avec son curateur. Dans l'un et l'autre cas, s'il se trouvait lésé, il avait droit à une restitution.

A toutes ces considérations, déjà décisives en faveur du système que nous soutenons, il faut ajouter que l'on est en présence d'une disposition de droit civil, et que le législateur, en réglementant ces deux espèces, a eu exclusivement en vue l'intérêt spécial du mineur. Or, on sait que les dispositions de droit civil édictées dans un intérêt particulier ne portent point atteinte à l'obligation naturelle.

Mais que décider relativement au cas prévu par l'article 472 ? — L'ex-mineur qui contracte avec son ancien tuteur, en violation des dispositions contenues dans cet article, demeure-t-il obligé naturellement ?

Ce qui vient d'être dit plus haut fait déjà voir la solution. Même genre de disposition, même esprit de la loi, par suite, mêmes raisons de décider pour l'affirmative.

Il est bien vrai qu'ici on n'est plus en présence d'un mineur. Mais il reste au moins cette autre ressemblance capitale et décisive : suspicion contre l'ex-tuteur, qui peut abuser de son influence et faire composer son ancien pupille, tant qu'il ne lui a pas rendu ses comptes avec les pièces justificatives. C'est, en outre, une prohibition de droit purement civil, intervenue dans un intérêt privé, l'intérêt du mineur devenu majeur, qui seul (1) peut demander l'annulation d'un engagement passé en violation de l'article 472.

Il est donc constant que, dans la double espèce prévue par cet article, l'obligation naturelle subsiste à l'encontre des prohibitions spéciales de la loi civile.

SECTION III

DE LA CESSION DE CRÉANCES OU DE DROITS CONSENTIS AU TUTEUR CONTRE LE MINEUR

A Rome, Justinien, pour prévenir les fraudes cachées dans les cessions de droits que pouvait se faire consentir à bas prix, le tuteur contre son pupille, ou le curateur contre le mineur de vingt-cinq ans, défendit, par une Constitution des plus formelles (2) toute cession de ce genre, soit à titre onéreux, soit à titre gratuit. Afin de donner une sanction directement efficace, cet empereur décida que la cession faite contrairement à cette prohibition serait valable, sans recours possible, de la part du cessionnaire, contre l'impubère ou le mineur de vingt-cinq ans qui serait ainsi libéré, sans avoir à désintéresser son tuteur ou son curateur. Il espérait, avec raison, retenir plus sûrement ainsi dans le

(1) Demante, Cours analytique du code civil.
(2) Novelle 72, cap. V, § 1.

devoir, les personnes préposées à l'administration des biens de ceux que la loi protégeait.

D'après les principes exposés plus haut, il faudrait décider que cette prohibition, de droit civil et d'intérêt privé, n'empêchait pas le pupille et le mineur de vingt-cinq ans, qui bénéficiaient de la cession, d'être obligés naturellement de désintéresser le cessionnaire.

Mais, pour que ces principes fussent applicables, il faudrait que l'obligation naturelle pût prendre naissance. Et l'on a vu qu'elle ne peut naître qu'en vertu d'un contrat ou d'un quasi-contrat dans lequel la personne, réputée incapable, agit par elle-même ou, tout au moins, par son représentant, en tant que ce dernier fait l'affaire de son pupille et non la sienne. Or, la disposition de la Novelle 72 considère ces sortes de cessions comme un quasi-contrat de gestion d'affaires dans lequel le pupille ou le mineur n'est pour rien. Le tuteur ou le curateur seul agit, et, en se constituant cessionnaire, il a en vue bien plus sa propre affaire que celle de son représenté. On est donc en dehors des cas susceptibles de donner naissance à l'obligation naturelle. Par suite, les principes qui président à sa formation sont inapplicables à l'espèce prévue et réglementée par Justinien.

Aussi la plupart des auteurs s'accordent-ils à reconnaître qu'il n'existe, ni pour le mineur de vingt-cinq ans, ni pour le pupille bénéficiaire de la cession, aucune obligation naturelle. Et si M. de Pforten (1) décide que l'obligation naturelle subsiste, et, qu'en conséquence, le paiement fait par celui qui était mineur n'autoriserait pas la répétition, il n'est pas difficile de voir que cette erreur provient d'une confusion entre l'obligation de conscience et l'obligation naturelle.

(1) *De obligatione civili in naturalem transitu*, p. 40.

11

Cette prohibition, d'origine romaine, a passé dans notre droit avec quelques modifications. — Le législateur français, lui aussi, a compris le danger qu'il y avait à laisser un tuteur en butte à un conflit trop facile, entre son intérêt pécuniaire et le devoir spécial que lui impose la loi à l'égard de son pupille. Tel est le motif pour lequel il lui interdit (1) toute acceptation de cession de créances ou autres droits contre celui qu'il doit protéger.

Mais cette prohibition, au lieu d'aboutir à la validité de la cession au profit du mineur, entraîne comme conséquence la nullité de cette cession. C'est du moins, ce qu'il faut décider en présence du silence de notre code à cet endroit.

On ne peut supposer, en effet, que la confiscation exorbitante, consacrée par Justinien, en faveur du pupille et du mineur de vingt-cinq ans, ait pu passer dans notre législation, sans laisser aucune trace de son admission par le législateur.

La conséquence nécessaire d'une défense législative est, à moins d'une disposition contraire, l'annulation de l'acte prohibé.

Ainsi toute cession faite en violation de l'article 450 est annulable. Mais comme cette nullité est accordée dans l'intérêt seul du mineur, lui seul peut la demander, et il est toujours libre de maintenir la cession à son profit, pourvu que, dans ce dernier cas, le tuteur soit indemnisé du prix de cession.

Cette faculté d'option pour le mineur n'a pas toujours été universellement admise. Dans le principe, les uns tenaient pour le système de Justinien, les autres pour la nullité, sans faculté d'option, d'autres enfin pour le système facultatif.

(1) Art. 450, c. c.

C'est à ce dernier parti que se range la généralité des auteurs (1), et avec raison, car il est de règle que celui en faveur duquel il existe une nullité relative, est toujours libre d'y renoncer.

Deux hypothèses peuvent alors se présenter :

Ou bien le mineur devenu majeur demande la nullité de la cession illégalement acceptée par son ancien tuteur ; et alors, toutes choses étant remises en état, il redevient débiteur du cédant.

Ou bien il prend pour lui le bénéfice de la cession, si le prix constaté sur l'acte de vente est inférieur, soit au montant de sa dette, soit à la valeur estimative du droit cédé ; et il cesse d'être débiteur en désintéressant le cessionnaire de ce qu'il a payé son créancier.

On voit que dans l'une et dans l'autre hypothèse il ne peut être question de l'obligation naturelle, puisque dans l'une les choses redeviennent entières, et que dans l'autre le mineur, prenant la place du cessionnaire, réunit ainsi dans sa personne les deux qualités incompatibles de créancier et de débiteur.

La Novelle 72 interdisait en termes exprès la cession à titre gratuit, comme la cession à titre onéreux. En est-il de même en droit français ?

Si l'article 450 ne le dit pas expressément, du moins il n'apporte aucune restriction aux termes généraux dans lesquels il est conçu, et l'on n'aperçoit pas de motif rationnel pour exclure de la prohibition les cessions à titre gratuit.

Toutefois, il semble bien que la cession de créance opérée par legs ne saurait tomber sous le coup de notre article, car l'esprit dans lequel il a été édicté fait ici complètement défaut.

_____

(1) MM. Ducaurroy, Bonnier, Roustain, commentaire du code civil.

On ne peut en effet, dans l'espèce, soupçonner le tuteur de vouloir spéculer au détriment de son pupille, puisque les dispositions de dernières volontés sont l'œuvre exclusive du défunt. Si le tuteur légataire avait pesé sur cette volonté, il pourrait du reste être attaqué comme coupable de captation.

Un auteur (1) est même allé plus loin, en maintenant une distinction que rationnellement il faudrait repousser, et en soutenant que la prohibition de l'article 450 ne s'étend pas à la donation entre vifs, bien que le tuteur soit partie dans un tel acte, bien que dès-lors on ait à craindre de sa part un concert frauduleux en vue de spéculer.

Il faut le reconnaître, l'article 900 consacre une assimilation analogue entre la donation et le testament : « Dans toute « disposition *entre vifs* ou *testamentaire*, y est-il dit, les « conditions impossibles, celles qui seront contraires aux lois « ou aux bonnes mœurs, seront réputées non-écrites. » Et l'on sait que de telles conditions annulent les conventions à titre onéreux.

Mais si le législateur a voulu s'écarter pour un cas de ce qui semblerait rationnel, il l'a dit expressément, et l'on ne peut, par assimilation d'un cas particulier à un autre cas particulier, lui prêter, dans l'espèce présente, une intention que son silence ne saurait motiver et qui est contraire, tout à la fois, au texte et à l'esprit de notre article.

(1) Demol. t. VII, n° 761.

SECTION IV

DE L'ENGAGEMENT FORMÉ ENTRE LE PÈRE ET LE FILS SOUMIS A SA PUISSANCE

A Rome, la puissance paternelle était absolue et ne finissait qu'à la mort du chef de famille ; l'individualité du fils était absorbée par celle du père de famille ; les biens qu'il acquérait ne lui appartenaient pas ; marié, ses enfants passaient, non pas sous sa puissance, mais sous celle de son père.

On se rappelle les modifications apportées par le dernier état du droit romain. On se rappelle les droits qui furent successivement accordés au fils de famille sur ses divers pécules, notamment sur le pécule *castrens*.

En passant dans notre législation, la puissance paternelle n'a plus la même énergie ni la même durée. Le fils, même enfant, conserve son individualité propre ; il a des intérêts distincts. Arrivé à un certain âge, il devient indépendant et dans sa personne et dans ses biens.

L'autorité paternelle, comme le pouvoir du tuteur dont elle se rapproche, est dans nos lois une institution créée non plus principalement pour l'avantage de l'ascendant, mais aussi et surtout dans l'intérêt de l'enfant.

D'où l'on doit conclure que l'article 1304 s'applique au fils soumis à la puissance paternelle comme au fils en tutelle, puisqu'il régit les actes faits par les mineurs sans aucune distinction.

Ainsi l'enfant qui, en fait, réunit les conditions essentielles

pour la validité des conventions, peut donc s'obliger civilement envers son père, de la même manière qu'il peut s'obliger civilement envers son tuteur. Mais comme l'influence paternelle agit sur ses déterminations dans le même sens, et plus
fortement encore, que l'influence tutélaire, il peut aussi changer son obligation civile, en une obligation naturelle, en de-
mandant et obtenant la rescision ou l'annulation de son engagement.

SECTION V

DES ACTES PASSÉS PAR L'INTERDIT

L'interdiction est une institution du droit civil, créée dans le
but de parer aux difficultés et aux longueurs qu'entraînerait la
nécessité de prouver, pour chaque acte passé par la personne
frappée d'insanité ou de folie, si elle se trouvait, oui ou non,
dans une intervalle lucide au moment où elle s'est obligée.

C'est une présomption légale d'incapacité établie dans l'intérêt de l'insensé ou du fou, présomption qui peut être contredite par les faits.

Les actes passés par l'interdit ne sont donc point nuls *ab
initio*, mais seulement attaquables dans un délai fixé. Tant
qu'ils n'ont pas été annulés sur la demande de l'interdit ou de
ses représentants, ils sont valables, et valables civilement,
comme les actes accomplis par le mineur (1).

Quel est l'effet de la nullité prononcée par les tribunaux?

_____

(1) Art. 1304.

Faut-il dire, avec certains auteurs (1), que l'obligation de l'interdit est totalement nulle pour défaut de consentement? Mais ne sait-on pas que l'état d'aliénation mentale a des intermittences? D'ailleurs si le législateur avait pensé que l'interdit dût être considéré comme étant toujours dépourvu d'une volonté éclairée, n'aurait-il pas donné à celui qui contracte avec l'interdit le droit de demander la nullité d'une telle convention ? (2)

Il faut donc le reconnaître, le dément même interdit, peut parfois donner un consentement produisant certains effets. Telle est la décision du législateur lui-même, qui ne frappe les actes de l'interdit que d'une nullité relative. Par suite, le jugement qui prononce la nullité d'une convention passée par un interdit ne porte pas atteinte à l'obligation naturelle, qui subsiste avec ses effets.

Une telle obligation peut donc être valablement cautionnée. M. Delvincourt, lui-même, qui bat en brèche notre système, reconnaît la validité d'un tel cautionnement. Il ne le valide, il est vrai, que parce que celui qui l'a souscrit est censé, à ses yeux, avoir voulu s'obliger principalement. Mais cet auteur ne remarque pas qu'en raisonnant ainsi, il enlève au cautionnement son caractère essentiel d'engagement accessoire, caractère sans lequel il ne peut être question de cautionnement.

La doctrine est divisée sur le point de savoir si l'interdit peut, dans un intervalle lucide, passer valablement, d'après le droit civil, les actes dont l'exercice inséparable de la jouissance est essentiellement personnel, tels que l'adoption, la reconnaissance d'un enfant naturel.

(1) M. Delvincourt, t. III, p. 494.
(2) Art. 1125.

Dans un précédent travail sur les effets de l'interdiction, nous avons pris parti pour cette opinion si savamment défendue par M. Demolombe ; et jusqu'à présent nous n'avons pas changé de manière de voir à cet égard. Nous écartons donc cette classe d'actes, et nous disons que, pour tous les autres, l'interdit qui s'est fait restituer demeure obligé naturellement, s'il les a passés dans un intervalle lucide, et n'est obligé en aucune façon, s'il est démontré qu'il était bien en état d'imbécillité, de démence, ou de fureur, au moment où il a contracté.

SECTION VI

DES ACTES ÉMANÉS DU PRODIGUE OU DU DEMI-INTERDIT POURVU D'UN CONSEIL JUDICIAIRE

Sous l'empire de la loi française, le prodigue n'est plus, comme à Rome, interdit d'une façon générale. Certains actes (1) seulement lui sont défendus. Il ne peut les faire qu'avec l'assistance de son conseil.

On voit que, pour les actes limitativement déterminés par notre article, le prodigue, auquel a été donné un conseil judiciaire, se trouve dans la situation même de l'interdit. Comme lui, s'il peut bénéficier de ces actes il n'en a pas l'exercice.

Cette assimilation partielle doit évidemment être poursuivie dans ses conséquences. Il faut dire que le prodigue qui s'est fait restituer contre un de ces actes demeure, lui aussi, obli-

---

(1) Art. 513, c. c.

gé naturellement. Il y a même un *a fortiori* pour décider de la sorte.

On comprend sans peine qu'une personne capable pour la généralité des actes de la vie civile, qu'une personne qui a toute sa lucidité d'esprit, mais qui est seulement inconsidérée, quand il s'agit de ses intérêts pécuniaires, doit être soumise, au moins, à la même rigueur juridique que celle dont la lucidité d'esprit est mise en suspicion.

Tout ce qui vient d'être dit s'applique également au demi-interdit qui, aux termes de l'article 499, est frappé des mêmes prohibitions que le prodigue.

SECTION VII

DE L'OBLIGATION DE LA FEMME MARIÉE QUI TRAITE SANS AUTORISATION

En principe la législation française reconnaît à la femme majeure la même capacité qu'à l'homme. Toutefois la loi l'autorise à se donner un protecteur chargé de la défendre contre son inexpérience des affaires.

En se mariant, la femme abdique sa capacité ; elle tombe sous la dépendance de son mari, et ne peut s'affranchir de cette sorte de tutelle que sous certaines conditions réglementées par la loi, afin de ne point porter atteinte à la puissance maritale.

C'est à ce double point de vue : faiblesse naturelle de la femme, et respect dû à l'autorité maritale, que s'est placé le législateur, pour enlever à la femme mariée la capacité qu'elle conserve, tant qu'elle est libre du lien conjugal.

On peut voir, dans cet état de dépendance de la femme mariée, comme un vestige de la tutelle perpétuelle des femmes, dont la rigueur primitive fut considérablement atténuée à Rome dès l'époque du droit honoraire, par l'usage de la *coemptio* :

Le tuteur légitime d'une femme, sur la demande même de celle-ci, la faisait passer, par une vente fictive, sous le pouvoir d'un tiers qui l'affranchissait et devenait son tuteur, pour la forme seulement. De telle sorte que Cicéron a pu dire de ces tuteurs qu'ils se trouvaient au pouvoir des femmes : « *Mulieres omnes propter infirmitatem consilii ma-* « *jores in tutorum potestate esse voluerunt ; hi invenerunt* « *genera tutorum quæ potestate mulierum contineren-* « *tur.* » (1)

La tutelle légitime de la femme s'éteignait aussi par le mariage : La femme passait alors en la puissance absolue du mari, qui acquérait sur elle la *manus* pas l'usage, la confarréation, ou la coemption, et devenait propriétaire de la dot.

D'après les lois françaises le pouvoir du mari n'a plus la même étendue. La femme conserve son individualité personnelle et la propriété de sa dot. Mais elle ne peut s'obliger, même sur ses biens aliénables, sans l'autorisation maritale ; elle peut être restituée contre les engagements souscrits par elle en violation de cette prohibition, soit sur sa demande, soit sur celle de son mari. La femme mariée se trouve dans la même situation que le mineur et l'interdit : obligée civilement tant que son engagement n'a pas été annulé, et obligée

_____

(1) Pro Mur., C. xii, 27.

naturellement lorsque cette annulation a été prononcée ; car il est bien certain qu'en fait, elle est capable de donner un consentement valable, aussi bien qu'une femme non mariée.

. D'où il faut conclure qu'une telle obligation peut être valablement acquittée par la femme, même durant le mariage, lorsqu'elle a obtenu sa séparation de biens.

L'article 1449 lui donne en effet la libre administration de ses biens. Or l'acquittement d'une dette est un acte d'administration ; et l'on sait que l'obligation naturelle, à la différence du devoir moral, constitue une dette juridique.

La même doctrine est applicable au cas où la femme s'est mariée sous le régime de la séparation de biens (art. 1536-1538), et au cas où, mariée sous le régime dotal, elle paie avec ses deniers paraphernaux (art. 1576). Cet article, il est vrai, défend à la femme non autorisée l'aliénation de ses biens paraphernaux, sans distinguer entre les meubles et les immeubles. Mais on sait que les dispositions législatives qui réglementent la séparation judiciaire, la séparation contractuelle et les paraphernaux, prises isolément, sont incomplètes, et doivent être suppléées les unes par les autres. Or, il est dit expressément que la femme séparée judiciairement peut disposer de son mobilier et l'aliéner (art. 1449).

L'obligation contractée par la femme mariée sans l'autorisation de son mari, constituant une dette naturelle, n'est pas seulement susceptible d'un acquittement valable ; elle peut, en outre, être cautionnée.

Tel n'est point l'avis de Pothier (1), qui excepte des obligations naturelles susceptibles de cautionnement, celle de la femme mariée qui s'est obligée sans le consentement de son mari. Mais il fonde cette exception sur la loi 16, § 1, Dig.

(1) Traité des obligations, nos 194 et 395.

Ad senatum consultum Velleianum. Et, comme le fait très-
bien observer Basnage (1), cette loi romaine n'est point applicable à la femme qui s'est obligée principalement et non
pour autrui. D'ailleurs, cette loi est aujourd'hui sans autorité.

Pothier ajoute que l'obligation contractée par la femme
sans le consentement de son mari est absolument nulle. Or,
à supposer que cela fût exact à son époque, il n'en est plus
ainsi depuis le code. D'une part, en effet, l'article 2012
permet de cautionner une obligation qui peut être annulée par
une exception personnelle à l'obligé, telle que la minorité;
et, d'autre part, l'article 1125 met sur la même ligne l'obligation du mineur et celle de la femme non autorisée. De
ces deux articles il résulte que l'obligation de la femme mariée est non pas nulle absolument mais annulable, que c'est
une obligation naturelle susceptible d'être cautionnée, et de
recevoir toutes les garanties applicables à l'obligation naturelle.

Du reste, l'opinion de Pothier était déjà rejetée dans
l'ancienne jurisprudence (2). A plus forte raison doit-elle
l'être aujourd'hui.

SECTION VIII

DU BÉNÉFICE DE COMPÉTENCE

Le bénéfice de compétence est une faveur accordée à certaines personnes : par exemple, au failli déclaré excusable et
à celui qui fait cession de biens.

(1) Traité des hypothèques, liv. II, chap. II.
(2) Duparc-Poullain, t. V, p. 135; — D'Argentré, Aitiologie,
art. 184.

Ces débiteurs ne peuvent être poursuivis que dans les limites de leurs facultés pécuniaires. Leurs créanciers ne peuvent saisir les biens qu'ils ont acquis ou les bénéfices qu'ils ont réalisés postérieurement, qu'à la condition de leur laisser ce qui est nécessaire à leur subsistance et à leur travail.

C'est là une disposition qui nous vient du droit romain. Il importe donc de l'étudier sommairement au moins dans cette législation, pour en connaître les effets.

Or, nous voyons qu'à Rome le bénéfice de compétence fut institué dans le but de préserver le débiteur de la contrainte personnelle et des conséquences de l'infamie (1).

Celui qui n'était condamné que *in id quod facere potest* ne cessait point d'être poursuivi par ses créanciers dès qu'il acquérait de nouveaux biens (2). Son obligation demeurait toujours civile jusqu'à parfait paiement ; elle n'était nullement atténuée par la condamnation qui seule était restreinte. Telle est l'opinion de M. de Savigny (3).

Zimmern (4) objecte, il est vrai, que *omnis res deducta est in judicium*, et que le débiteur n'est plus alors tenu que d'après la sentence. Mais cet auteur ne remarque pas que dans ces sortes de sentences le juge tient pour fondées les conclusions du demandeur, et que, s'il restreint la condamnation, ce n'est qu'eu égard aux biens du défendeur. Cette restriction n'est donc que temporaire, et si la position pécuniaire du débiteur s'améliore, la décision du juge ne met pas obstacle à de nouvelles poursuites.

Du reste, pour protéger ses intérêts, le créancier avait le droit d'exiger du débiteur un engagement spécial, par lequel

(1) L. 11, Codice, *Ex quibus causis infamia irrogatur.*
(2) L. 4 et 7, Dig. *De cessione bonorum.*
(3) T. IX, p. 105.
(4) § 101, Traité des actions.

ce dernier promettait d'acquitter l'intégralité de sa dette dès que ses ressources le lui permettraient (1). Et il est à présumer que dans les autres cas, pour éviter toute difficulté, le juge, en prononçant la sentence, avait le soin de réserver expressément les droits du créancier.

Le bénéfice de compétence, à Rome, où il a été créé, laissait donc intacte l'obligation civile. Ne doit-il pas en être ainsi sous l'empire de notre législation qui a reproduit la même institution ? Alors surtout que nous n'avons pas conservé la *litis contestatio* avec ses effets rigoureux et qu'il n'est pas vrai de dire : *omnis res deducta est in judicium.*

Nous décidons donc que le bénéfice de compétence laisse subsister en France l'obligation civile ; elle ne peut donner lieu à la création d'une obligation naturelle.

SECTION IX

DES CONVENTIONS NON-REVÊTUES DES FORMES EXTÉRIEURES IMPOSÉES PAR LA LOI

Nous avons vu qu'à Rome les pactes, conventions purement consensuelles, forment une source féconde d'obligations naturelles.

Chez nous, au contraire, sauf de rares exceptions, les conventions sont parfaites au point de vue du droit civil par le seul consentement. Il y a contrat dès qu'on est d'accord sur la cause et l'objet de la convention. La création du contrat est indépendante de toute forme spéciale. L'écriture même

(1) Dig. *Pro socio;* — L. uniq. § 7, Codice, *De rei uxoriæ actione.*

n'est pas un élément constitutif du contrat. En principe, elle
n'est exigée du législateur que pour la preuve. Même indépendamment d'un écrit, le créancier peut prouver l'existence
de sa créance, soit en invoquant le témoignage des hommes
quand l'objet de la convention est d'une minime importance,
ou qu'il y a un commencement de preuve par écrit, soit en
provoquant l'aveu ou le serment de la partie adverse quand le
témoignage n'est pas recevable.

L'infraction aux règles tracées par les articles 1325 et 1326
n'enlève donc pas au créancier le droit d'actionner son débiteur ; elle ne porte aucune atteinte à la valeur et à la force
obligatoire de l'acte souscrit. Les diverses formalités exigées
par nos deux articles ne servent qu'à faciliter la preuve de
l'existence de l'obligation.

Parce que la convention synallagmatique n'a pas été rédigée
en double, ou ne relate pas l'accomplissement de cette formalité, parce que l'engagement sous seing privé de payer une
somme n'a pas été rédigé en entier de la main du souscripteur, ou ne contient pas le *bon* ou *approuvé*, il ne s'ensuit pas
que cette convention, que cet engagement soit vicié dans son
essence. L'une et l'autre valent au même titre que si toutes les
conditions exigées avaient été remplies ; et cela est tellement
vrai, que si le souscripteur reconnaissait la formation de la
convention et voulait se prévaloir uniquement de l'irrégularité
dans la forme, il ne serait pas écouté.

Hâtons-nous de remarquer que dans la pratique on doit se
garder de suivre aveuglément cette théorie parfaitement
exacte au point de vue doctrinal. Les conséquences pourraient
en être funestes. Il importe d'avoir toutes les garanties pos-
sibles de paiement ; et, sous ce rapport, rien ne vaut un écrit
en règle.

Quoi qu'il en soit, il est certain, répétons-le, que la violation des articles 1325 et 1326 ne dénature point l'obligation civile, et la laisse subsister dans son intégralité.

Mais si, en principe, nos contrats sont purement consensuels, c'est-à-dire dégagés de toute formalité extérieure, il en est qui, exceptionnellement, doivent revêtir certaines conditions spéciales essentielles à leur validité. On les appelle, pour ce motif, contrats solennels, et l'on dit que les formes exigées par la loi le sont pour leur formation même. Tels sont les donations, les contrats de mariage, les constitutions d'hypothèques.

Ces divers contrats ne prennent naissance que sous certaines conditions prévues par la loi. Viennent-elles à faire défaut, l'obligation ne se trouve pas seulement dénaturée, elle est inexistante. Aucun lien juridique ne peut sortir d'une convention irrégulière dans sa formation même.

Ainsi, deux sortes de formalités dans les conventions : les unes exigées *ad probationem*, les autres *ad solemnitatem*. Le défaut des premières laisse intacte l'obligation civile, l'absence des secondes rend l'obligation nulle, inexistante. Ni dans l'un ni dans l'autre cas, il n'y a place pour l'obligation naturelle.

Pour reconnaître si les formalités omises ont été déterminées en vue de la perfection du contrat (*ad solemnitatem*), il faut considérer l'intention du législateur, l'importance qu'il attachait à la mesure prescrite, et le but qu'il se proposait.

SECTION X

DU TERME ET DE LA CONDITION.

Il faut se garder de confondre l'obligation dont l'exigibilité est retardée pour un temps ou dont l'existence dépend d'un événement futur et incertain, avec l'obligation naturelle.

Cette dernière provient d'un engagement défectueux d'après le droit civil; tandis que les autres dérivent d'une convention civilement parfaite.

Du, reste l'obligation naturelle se distingue facilement de l'obligation à terme et de l'obligation conditionnelle.

Elle diffère de la première en ce qu'elle est par elle-même dépourvue d'action pour toujours, tandis que l'obligation à terme n'en est dépourvue que pour un temps.

Elle diffère de la seconde, en ce qu'elle existe dès que la convention d'où elle résulte a été passée, tandis que l'obligation conditionnelle n'a qu'une existence incertaine, et ne confère pour le moment qu'une chance, appréciable sans doute, mais qui n'a pas la valeur de la chose promise.

Le terme et la condition sont de simples modalités apportées à l'obligation qui n'en est pas moins civile.

Telle était aussi la doctrine du droit romain à cet égard. Car nous ne saurions admettre l'opinion de M. Muhlembruch (1) aux yeux de qui l'obligation à terme, ne constituait qu'une obligation naturelle. On connaît les principes qui

---

(1) T. 11, p. 224. *Doctrina pandectarum.*

12

régissaient à Rome l'obligation à terme. Ils sont les mêmes que sous notre législation. Et l'on ne peut voir dans le texte invoqué par cet auteur (1) la preuve de la doctrine qu'il avance, l'impossibilité de répéter étant un effet commun à l'obligation naturelle et à l'obligation civi\

SECTION XI

DU JEU ET DU PARI

C'est une question vivement controversée] et diversement résolue que celle de savoir quelle est la nature de l'obligation née du jeu ou du pari.

Les auteurs définissent ces deux espèces de contrat : « une « convention par laquelle deux ou plusieurs conviennent en- « tre eux que le perdant donnera une certaine somme au ga- « gnant. »

C'est un contrat essentiellement aléatoire, où chacune des parties court à la fois, et réciproquement, la chance d'une perte et d'un gain.

On ne voit pas tout d'abord que ce contrat puisse être répréhensible aux yeux de la loi, qui reconnaît et sanctionne les conventions aléatoires.

Considéré en lui-même, il réunit en effet toutes les conditions de validité d'un contrat : détermination de l'objet, détermination du sujet soit actif, soit passif, accord des parties sur l'objet.

_____

(1) « *In diem debitor, adeo, debitor est ut ante diem solutum* « *repetere non possit.* » (L. 10 Dig. *De conditione indebiti.*)

Toutefois nous voyons que notre code civil, dans l'article 1965, refuse l'action en paiement à celui qui a une créance de cette nature.

C'est que, si intrinsèquement le jeu n'a rien de mauvais, si même il offre pour les personnes occupées un délassement utile et honnête quand il est désintéressé (1), le but de spéculation qui trop souvent préside à ces sortes de conventions est funeste à la société, et contraire à la morale

Tous les peuples gagnés par le luxe et l'oisiveté se sont adonnés à ce genre de spéculation. Et plus le mal de cette civilisation efféminée se propage chez une nation, plus aussi grandissent et se multiplient les abus du jeu intéressé.

Ce mal se manifesta à Rome, dès le commencement de l'empire, dans de vastes proportions. Il ne put être atténué que par des lois rigoureuses portées contre les joueurs et ceux qui tenaient des maisons de jeu.

Le jurisconsulte Paul fait mention d'un sénatus-consulte, qui remonterait à Septime-Sévère ou à l'un de ses prédécesseurs, et qui défendait de jouer de l'argent à quelque jeu que ce fût, si ce n'est à certains jeux utiles pour l'étude de la guerre et le développement du corps ; « *Senatûs consul-* « *tus vetuit in pecuniam ludere ; præterquàm si quis* « *certet hastâ vel pilo jaciendo, vel currendo, saliendo,* « *luctando, pugnando, quod virtutis causâ fiat.* » (2)

Comme sanction de cette défense, le même sénatus-consulte déniait l'action pour le paiement de ce qui avait été gagné au jeu. Mais là ne se bornait point sa sanction. Il accordait même une action au perdant contre le gagnant, à l'effet de répéter ce qu'il lui avait payé pour prix du jeu.

(1) Pothier, Traité du jeu, section II, § 1.
(2) L. 2, § 1, Dig. *De aleatoribus.*

Cette action, en vertu de dispositions générales prises par le Préteur, emportait infamie pour le gagnant obligé de resti-tuer. Aussi, le même sénatus-consulte, par égard pour le père ou le patron et à cause du respect dû à ces personnes, refusait au fils et à l'affranchi cette action directe et infamante pour l'actionné. Mais il leur accordait une action *utilis* ou *in fac-tum*, par laquelle ils obtenaient de même la restitution des sommes qu'ils avaient comptées à leur père ou patron (1).

Le despotisme impérial sut, il vrai, surtout dans les pre-miers temps, se mettre lui et les siens hors la loi. — Cicéron nous parle d'une loi portée contre les jeux de hasard et d'un certain Licinius Denticula, condamné comme joueur, en vertu des dispositions de cette loi, puis réhabilité par Antoine, son ami et son complice (2).

Auguste, malgré la loi, jouait habituellement aux dés, même dans un âge avancé, sans craindre la satire publique. Suétone donne des détails fort curieux à ce sujet (3).

Du reste, il paraît que pendant les saturnales, qui avaient lieu au mois de décembre, l'édile chargé de la police s'abs-tenait de sévir contre le jeu, qui était alors ouvertement per-mis, et auquel toutes les classes de la société romaine se livraient sans retenue :

« *Dum blanda vagus alea december*
« *Incertis sonat hinc et hinc fritillis*
« *Et ludit popa nequiore talo.* » (4)

Ces différents textes, pour ne pas émaner de jurisconsultes,

(1) L. 4, § 2, Dig. *De aleatoribus.*
(2) Philipp. II, 23 : *Licinium Denticulum de aleá condemnatum, collusorem suum restituit.... Hominem, omnium nequissimum, qui non dubitaret, vel in foro aleá ludere, lege, quæ de aleá est, condem-natum, in integrum restituit.*
(3) Oct. Aug. 71.
(4) Martial IV, 14.

n'en sont pas moins probants. Ils attestent que sauf certaines exceptions, les unes personnelles, les autres générales mais temporaires, le jeu était à Rome rigoureusement interdit.

La conséquence de cette prohibition et de la double sanction civile dont il a été parlé, c'est la nullité absolue de tout engagement pécuniaire, dont le jeu est la cause. Si, en effet, le perdant qui a payé peut répéter au moyen de la *condictio indebiti*, c'est qu'il n'a contracté aucune dette, ni civile, ni naturelle.

Justinien n'est pas moins formel dans ses constitutions que les premiers empereurs, pour proscrire le jeu intéressé. Il va même plus loin que ses devanciers, puisqu'il décide (1) : — 1° que l'action en répétition du paiement d'une dette de jeu est sujette, non pas comme les autres actions, à la prescription ordinaire de trente ans, mais à une prescription exceptionnelle de cinquante années ; — 2° que dans le cas où le perdant néglige de répéter la somme qu'il a perdue au jeu, les officiers municipaux de la ville où le délit a été commis peuvent répéter eux-mêmes cette somme, et l'employer à la construction d'ouvrages publics, pour l'utilité et la décoration de la ville (2).

Le jeu fut aussi la passion dominante des Barbares du nord.

---

(1) L. 1, 2 et 3, Codice, *De aleat.*
(2) Il nous semble que Justinien avait trouvé là un remède efficace pour fermer cette plaie sociale qui avait pris une si large place dans les habitudes romaines. Et les contemporains qu'agite diversement la question, pourraient utilement puiser dans ces dispositions le vrai principe de la réforme à établir sur ce point dans notre législation. N'est-il pas à présumer, en effet, que si le droit de répéter, au lieu d'être prohibé par notre code civil, était accordé, non pas au débiteur, mais à l'autorité municipale qui emploierait la somme ainsi obtenue à soulager les misères, si non à décorer les villes, n'est-il pas à présumer, disons-nous, que mettre ainsi le gagnant dans l'impossibilité de profiter de sa turpitude, c'est par le fait supprimer le mobile même des conventions pécuniaires basées sur le hasard.

Les Germains s'y livraient avec une ardeur et une témérité
telles qu'au rapport de Tacite, lorsqu'ils avaient joué leur
fortune, ils donnaient pour enjeu leur liberté et même leur
personne : « *Alcam (quod mirere) sobrii inter seria exer-*
« *cent, tantâ lucrandi perdendive temeritate, ut cum*
« *omnia defecerunt, extremo ac novissimo jactu, de liber-*
« *tate ac de corpore contendant. Victus voluntariam ser-*
« *vitutem adit, quamvis junior, quamvis robustior, alli-*
« *gari se ac venire patitur, ea est in re pravâ pervicacia ;*
« *ipsi fidem vocant* » (1).

Germains d'origine, Romains par la conquête, nos ancêtres
demeurèrent fidèles à ce goût effréné pour le jeu. Toutes les
classes de la société se laissèrent entraîner par cet appas d'un
gain rapide ou d'une ruine plus rapide encore. Le clergé
lui-même ne fut point exempt de cette passion énervante.
Aussi voyons-nous le concile de Mayence, tenu en 813,
intervenir pour défendre les jeux de hasard, tant aux laïques
qu'aux ecclésiastiques. Dans ses Capitulaires, Charlemagne
reproduit les mêmes prohibitions, qui furent plus tard con-
firmées par les ordonnances de Saint-Louis en 1254, de
Charles le Bel en 1319, de Charles V en 1369, et d'autres
parmi lesquelles il faut citer : l'ordonnance de Charles VIII,
rendue pour la police du Châtelet de Paris, qui consacre un
privilége en faveur des personnes de naissance retenues pour
causes légères et civiles, et leur permet le jeu du trictrac et
des échecs ; les ordonnances de Charles IX rendues à Orléans
(art. 101) et à Moulins (art. 59) ; la déclaration de Louis XIII
à la date du 30 mai 1611 ; l'ordonnance de Louis XIV (1691) ;
enfin la déclaration royale du 1er mars 1781.

---

(1) Tacite, *De mor. german.* § XXIV.

Ces diverses ordonnances sont en principe la reproduction des lois romaines : mêmes prohibitions, mêmes exceptions en faveur des jeux propres à exercer au fait des armes et à développer les forces du corps.

Mais une différence importante existe au point de vue de la sanction. Tandis qu'à Rome la répétition était admise, elle était prohibée dans notre ancien droit. C'est ce qui résulte implicitement des précédentes ordonnances et, virtuellement au moins, de l'ordonnance de Moulins, qui permet exceptionnellement aux mineurs de répéter.

Quant à la déclaration de 1611, si elle permet au perdant de répéter, c'est contre ceux qui tiennent des maisons de jeu et non contre le gagnant, ainsi que le fait très-justement remarquer Pothier (1).

Tel était, au moment de la rédaction du code civil, l'état de notre législation sur le jeu et le pari ; car tout ce que nous venons de dire sur le jeu s'applique également et dans la même mesure au pari, qu'il se produise par voie de consignations ou de promesses réciproques, peu importe ; les conséquences sont les mêmes.

Cette assimilation entre le jeu et le pari existait à Rome et dans notre ancien droit, bien qu'elle soit contestée. Un auteur notamment, Scaccia (2), pour établir une distinction qu'il croyait devoir exister, s'est attaché à montrer qu'à la différence du joueur, celui qui parie agit moins en vue du gain que pour la satisfaction d'un désir ou d'une espérance. Dans tous les cas, et à supposer que le parieur ait pour but principal un gain à réaliser, la situation au point de vue des risques, dit cet auteur, n'est pas pour lui ce qu'elle est pour

(1) Traité du Jeu, n° 48.
(2) § 1, Quæst. 1, n° 95.

le joueur. Celui-ci ne sait pas ce qu'il expose quand il commence à jouer ; entraîné malgré lui et dominé, en cas de perte, par le désir de recouvrer ce qu'il a perdu, il peut être conduit jusqu'à compromettre son patrimoine et l'avenir de ses enfants. Quant au parieur, il n'est exposé à rien de semblable : pour lui la perte est limitée ; il sait par avance la mesure dans laquelle il est engagé, et, si la décision du pari lui est contraire, sa perte ne dépassera pas le montant de l'enjeu. Veut-on d'ailleurs qu'après un premier pari on recommence, du moins ne sera-ce pas avec l'entraînement et la passion qui sont propres au jeu, et ne laissent pas au joueur l'usage de sa raison.

Qui ne voit que ces motifs sont plus ingénieux que concluants ?

Toutefois, l'opinion de Scaccia avait ses approbateurs, sinon dans tous les détails, au moins quant au principe. Ainsi Straccha (1) pensait qu'à la différence du jeu, toutes les fois que le pari n'était pas fait à l'occasion d'une chose déshonnête, il formait un contrat valable, bien que des sommes importantes fussent engagées. C'était aussi le sentiment de Loyseau (2), Danty (3), Emérigon (4) et autres. — Ces auteurs argumentaient de la loi 17, § 5, Dig. *De præscriptis verbis.*

Azon pensait, au contraire, que les paris n'étaient valables, comme le jeu, que lorsqu'ils intervenaient pour intéresser les exercices du corps. Il se fondait sur la loi 3, Dig., *De aleatoribus.* Il parait bien que cette opinion était la plus

---

(1) 3me partie, 1, 2, 3.
(2) Loc. cit.
(3) P. 229.
(4) Des Assurances, chap. 1, sect. 1, p. 0.

accréditée puisque, de l'aveu même de Loyseau, qui professait l'opinion contraire, elle était populaire.

Du reste, il était conforme à l'esprit du sénatus-consulte romain de ne favoriser par un intérêt pécuniaire que les exercices propres à développer l'adresse et la force du corps.

Comment donc ne pas assimiler le pari au jeu, si l'on observe que le même but de spéculation préside à ces deux contrats, et qu'ainsi, considérés dans leurs fins, ils ne sont, l'un par rapport à l'autre, que deux variétés d'une même espèce (1)?

Quoi qu'il en soit, cette assimilation est aujourd'hui formellement consacrée dans l'article 1965 du code civil.

Pour nous résumer en quelques mots, la loi romaine et notre ancienne législation, soit dans les pays de coutume, soit dans les provinces de droit écrit, s'accordent à prohiber tous les jeux et paris intéressés, dont le but n'est pas de développer l'adresse ou la force du corps, et à sanctionner cette défense par l'impossibilité pour le gagnant d'actionner en paiement celui qui a perdu. Mais, à la différence du droit romain, qui donnait au perdant la faculté de répéter ce qu'il avait payé, notre vieux droit interdisait toute répétition.

Cette dernière disposition a été adoptée par les rédacteurs du code civil. Ils ont disposé dans l'article 1967 que, sauf le cas de dol, de supercherie ou d'escroquerie de la part du gagnant, le perdant au jeu ou dans un pari ne peut pas répéter ce qu'il a volontairement payé.

De ce que, dans notre droit, l'action en répétition est interdite aux joueurs ou parieurs qui ont payé le montant de

---

(1) Tel était l'avis de Paul de Castro, qui refusa de donner une consultation en faveur de la validité d'un pari.

leurs enjeux ou de leurs gageures, nombre d'auteurs (1) ont conclu que le jeu et le pari sont chez nous une source d'obligations naturelles. A leur point de vue, les articles 1965 et 1967 se rattachent comme corollaires à l'article 1235. Ils argumentent en outre de ce que le jeu et le pari ne sont pas des contrats immoraux en eux-mêmes, et de ce que les rédacteurs de l'article 1965 leur refusent seulement le pouvoir de produire une action, sans leur dénier la puissance d'engendrer une obligation naturelle dont l'existence est même attestée par l'article 1967, l'impossibilité de répéter constituant bien au moins l'un des caractères de l'obligation naturelle.

Cette opinion, très-accréditée dans la doctrine, a eu aussi son écho dans la jurisprudence (2).

Certains auteurs (3) sont même allés jusqu'à dire que l'obligation née du jeu ou du pari est civile; non pas qu'au mépris de l'article 1965, ils sanctionnent cette obligation d'une action, mais parce que pour eux la possibilité d'agir n'est pas essentielle à l'existence d'une obligation civile.

« Il y a, dit M. Pont, une innovation introduite dans notre « législation; c'est le fait d'avoir élevé le jeu et le pari, qui « étaient prohibés à Rome, au rang de *contrats civils*, ainsi « que cela résulte de leur insertion au titre même des *con-* « *trats aléatoires*, fait essentiellement caractéristique en « présence de l'article 1107, d'après lequel les règles parti-

----

(1) Pothier, Traité du jeu, n° 83 et suiv. — MM. Delvincourt, t. II, p. 117 et 452, note 5, et t. III, p. 252 et 418, note 3; — Toullier, t. VI, n°s 381 et 382; — Aubry et Rau sur Zachariæ, t. III, p. 7, note 21 et p. 417, note 3; — Massé et Vergé sur Zachariæ, t. III, p. 315 et 316, notes 9 et 10; — Marcadé; — Larombière, art. 1235, n° 6.

(2) Arrêts de la cour de Colmar du 20 janvier 1841 et de la cour de Douai du 8 août 1857.

(3) MM. Coin-Delisle et Pilette; — M. Pont, Traité des petits contrats, n° 603.

« culières à *certains contrats* sont établies sous les titres
« relatifs à chacun d'eux. »

Troplong (1) établit une distinction entre le cas où le jeu
se renferme dans de justes limites et celui où il a été désor-
donné. Dans le premier cas, le contrat est licite dans sa
cause comme dans son objet ; il peut être la source d'une
obligation naturelle. Dans le second cas, illicite par sa cause,
le contrat de jeu ne fait que cacher un désir passionné de
spéculation qui est réprouvé par les mœurs aussi bien que
par le droit positif ; il ne peut donc engendrer aucune obligation, pas même naturelle.

Ce système mixte a, tout à la fois, le tort de créer une
distinction qui ne peut s'appuyer sur aucun motif sérieux, et
l'inconvénient de faire naître, à chaque pas, le doute et l'incertitude. Mais il atteste la tendance de son auteur à embras-
ser une quatrième opinion, qui se fonde sur les précédents
historiques, sur les documents législatifs, sur les travaux préparatoires du Code, sur les principes mêmes de l'obligation
naturelle, et n'est point en contradiction avec les textes qui
régissent actuellement la matière. C'est le système de la nullité absolue.

A Rome, où le gagnant ne pouvait actionner en paiement
et se trouvait soumis à l'action en répétition quand il avait
touché le montant de son gain, il est hors de doute que le jeu
ne produisait pas une obligation naturelle.

Sous notre ancienne jurisprudence, ce droit de répétition
accordé au perdant fut aboli, ainsi que nous l'avons vu.
Mais cette modification, introduite par les coutumes et les ordonnances royales, a-t-elle changé la nature des effets produits
par la convention intervenue entre deux joueurs ou deux

(1) Contrats aléatoires, nº 189 et 190.

parieurs? Faut-il dire que, si le paiement d'une dette de jeu n'est plus, comme à Rome, sujet à répétition, c'est que le perdant a acquitté une dette naturelle? Nullement.

L'article 138 de l'ordonnance rendue au mois de janvier 1629 déclare « nulles toutes les dettes contractées pour jeu, et « toutes promesses faites au jeu, quoique déguisées, nulles « et de nul effet, et déchargées de toutes obligations civiles « ou naturelles (1). »

Il faut donc le tenir pour certain, notre ancienne législation ne reconnaissait pas plus que le droit romain la force d'une obligation naturelle à une dette de jeu.

Toutefois l'opinion publique, guidée par un faux point d'honneur, ne tint pas toujours compte de la loi; et Molière (2) nous parle d'un certain tribunal, dit des maréchaux de France, juge des questions d'honneur entre gentilshommes, qui autorisait même l'action en justice jusqu'à concurrence de 1000 livres.

Mais c'était là une juridiction exceptionnelle et hors la loi, qui ne pouvait faire brèche aux dispositions législatives et à la jurisprudence des parlements.

D'où vient donc cette différence quant aux effets des promesses faites entre joueurs? Pourquoi nos lois françaises et les lois hollandaises elles-mêmes, ainsi que nous le rapporte Voët (3), font-elles produire au jeu un effet qu'il n'avait pas à Rome? Est-ce que le jeu aurait acquis plus de faveur aux yeux des législateurs de ces deux peuples? Non. Les sévères qualifications du droit romain lui restent toujours : « manente eadem quæ quondam turpitudine. » C'est encore Voët qui parle. Mais on a pris en considération le prin-

---

(1) Recueil d'édits et d'ordonnances; édition de Néron. t. I, p. 180.
(2) Misanthrope, acte, 2, scène 7.
(3) De aleat, n° 6.

cipe d'après lequel, quand un contrat, de part et d'autre réprouvé par les mœurs, a été exécuté, on n'a pas d'action pour répéter ce qui a été payé. C'est l'*in pari causâ melior est causa possidentis*. Ce sont les principes que développe le juriconsulte Paul, en traitant de la *condictio ob turpem causam*.

On se demande alors comment il se fait que les Romains auxquels nous empruntons ce précepte, y aient dérogé en ce qui concerne le jeu et le pari. — C'est qu'à Rome on voyait, dans cette action en répétition, dans cette impossibilité pour tout joueur de pouvoir profiter de son gain même réalisé, une sanction efficace, un moyen d'arrêter un mal social ; et l'on sait que les lois romaines accordaient la répétition toutes les fois qu'un intérêt public en faisait une loi.

Ce point de vue a été laissé de côté dans nos lois françaises, ou du moins n'a pas été pris en telle considération qu'on ait jugé a propos de faire fléchir la régle *in pari causa melior est causa possidentis*.

Tel était l'état de notre législation lors de la confection du code. Or les travaux préparatoires de ce monument législatif nous montrent que ses rédacteurs et les orateurs du tribunat ont été guidés par ces mêmes idées.

« Ou le jeu n'est qu'un délassement, dit M. Portalis (1), « et alors il n'est pas du ressort des lois. Ou il dégénère en « spéculation de commerce, et alors il offre une cause trop « vicieuse pour légitimer une action en justice. »

Le même orateur cite l'ordonnance de 1629, et ajoute que si la répétition doit être interdite c'est que « la loi ne saurait « écouter les majeurs quand ils l'invoquent pour le fait même « dans lequel ils l'ont méconnu, parce que d'ailleurs le re-

(1) Fenet, t. XIV, p. 539.

« pentir de l'avare qui a payé une dette de jeu, n'est pas
« favorable pour éveiller l'attention de la justice (1). »

Les orateurs du tribunat ne sont pas moins explicites en ce
sens.

« Le jeu n'est pas une cause licite d'obligations, dit M. Si-
« méon (2), parce qu'il n'est pas utile, et qu'il est extrême-
« ment dangereux. »

« Le jeu est un monstre anti-social qui, dit M. Bouteville (3),
« bien qu'il affecte la figure et le maintien d'un contrat,
« ne mérite pas la protection que la loi accorde aux con-
« ventions ordinaires. »

Si nous ne devons pas nous conformer à la loi romaine qui
accordait la répétition de ce qui aurait été perdu et payé,
« c'est que, ajoute-t-il, ce serait une inconséquence, entre
« deux hommes coupables de la même faute, de punir l'un et
« de récompenser l'autre (4). »

Si donc, comme le fait observer M. Toullier, les articles
1965, 1966 et 1967 ne reproduisent pas les dispositions des
anciennes ordonnances, lesquelles déclarent nulles et de nul
effet, les obligations ayant pour cause les dettes de jeu, il est
vrai de dire aussi qu'ils ont été rédigés dans le même esprit
que ces ordonnances, et que la discussion à laquelle ils ont
donné lieu prouve assez qu'on a adopté ces idées en votant
ces articles.

A tous ces motifs de décider en faveur de notre opinion,
vient s'ajouter une raison de principes. On sait, en effet,
que si l'obligation naturelle peut exister à l'encontre d'une
disposition législative édictée en vue d'un intérêt privé, elle

(1) Fenet, t. XIV, p. 812.
(2) Fenet, t. XIV, p. 850.
(3) Fenet, t. XIV, p. 858.
(4) Fenet, t. XIV, p. 860.

ne saurait subsister en violation d'une prohibition d'intérêt général. Or, est-il besoin de demander si la société tout entière n'est pas intéressée à voir disparaître cette catégorie d'hommes inutiles et désœuvrés qui, redoutant le travail et voulant vivre dans l'opulence, ou dégoûtés de tout et à la recherche d'émotions vives, n'ont d'autres ressources, pour satisfaire leurs funestes désirs, que de se livrer aux hasards passionnés du jeu?

Cette doctrine se trouve, du reste, en accord avec les textes eux-mêmes.

Dans l'article 1965, nos législateurs, hommes pratiques avant tout, ne parlent pas, il est vrai, du principe consacré par la jurisprudence romaine et par nos ordonnances royales, que l'obligation née du jeu ou du pari est nulle ; mais ils en reproduisent la conséquence principale, le manque d'action.

D'autre part, l'exposé des motifs donne le sens et la portée de l'article 1967.

Si l'on cherche à argumenter contre nous de l'article 1376 ainsi conçu : « Celui qui reçoit par erreur ou sciemment ce « qui ne lui est pas dû, s'oblige à le restituer à celui de qui « il l'a indûment reçu, » et si l'on veut l'appliquer à notre espèce pour en conclure que si le perdant au jeu ne peut répéter ce qu'il a payé, c'est qu'il n'a fait qu'acquitter une dette au moins naturelle, nous répondons que c'est ici le lieu d'invoquer, non pas l'article 1376, qui ne se réfère point au cas où il y a turpitude, mais bien cette maxime, fondée sur la raison et sur la morale, d'après laquelle tout demandeur est tenu de justifier sa prétention, et ne peut l'étayer sur un acte immoral. *Nemo turpitudinem suam invocare potest.*

Nous invoquons même en ce sens l'article 1131, dont M. Pont (1) s'est fait une arme contre notre système, et nous

_____

(1) Traité des petits contrats, n° 603.

disons que si l'obligation qui a une cause illicite ne peut produire aucun effet, elle ne peut pas plus donner lieu à une action en répétition qu'à une action en paiement. — Les choses sont-elles entières? le gagnant ne peut se faire payer, c'est l'article 1131 qui le veut, car il n'est pas décent de conclure devant le juge au paiement d'une créance qu'il réprouve. L'exécution a-t-elle été effectuée? Celui qui a payé ne peut répéter. C'est le même article qui le veut encore, parce qu'il ne convient pas davantage d'arguer de sa propre turpitude pour rentrer dans la possession de ce qu'on a indûment payé.

Ainsi quand les torts sont respectifs, celui qui possède est préféré et obtient gain de cause parce qu'il n'a rien à prouver : il est défendeur.

Dès que le gagnant est devenu détenteur de sommes d'argent, de biens meubles ou immeubles (1), le perdant ne peut répéter que dans le cas de dol, supercherie ou escroquerie.

Au contraire, tant que l'argent n'est pas entre les mains du gagnant, fût-il entre les mains d'un tiers, qui avait reçu mandat de payer, ou sur la table de jeu, le perdant peut le reprendre. Telle est du moins l'opinion de M. Troplong (2).

Cette doctrine de la nullité absolue présentée par MM. Duranton (3) et Toullier (4) a trouvé un récent défenseur en la personne de M. Massol (5), qui s'est attaché à tirer les conséquences de ce système, c'est-à-dire à montrer que le jeu et

(1) La dation en paiement est assimilée au paiement, contrairement à la disposition législative contenue dans la déclaration de 1781, qui prononce la nullité « des ventes, cessions, transports et tous « autres actes de quelque nature qu'ils puissent être, ayant pour cause « une dette de jeu, qu'ils aient été faits par des majeurs ou des « mineurs, » mais qui, du reste, n'a plus force de loi.

(2) Des contrats aléatoires, n° 201.
(3) T. X. n° 370.
(4) T. VI, p. 493, à la note.
(5) Traité de l'obligation naturelle, p. 302 et suiv.

le pari n'engendrant pas une obligation naturelle, ne peuvent recevoir aucune des garanties civiles qui sont attachées à cette sorte d'obligation.

Nous croyons inutile d'insister sur ce dernier point. Il nous paraît suffisant d'avoir établi l'inexistence de tout lien juridique, même naturel.

Nous n'examinerons pas les diverses espèces de jeux ou de paris qu'on peut rencontrer. Mais il en est une dont il importe de parler ici, à cause de la grande extension qu'elle a prise de nos jours, c'est le pari sur la hausse ou la baisse des effets publics.

Toutes les opérations de Bourse se résument en une vente ou un achat.

On dit que le marché est *au comptant,* lorsqu'il est conclu immédiatement et sans autre délai que le temps matériellement nécessaire pour consommer la livraison, s'il s'agit de titres *au porteur,* ou pour accomplir la formalité du *transfert,* s'il s'agit de titres *nominatifs.*

Le marché est à *terme,* quand une personne, craignant une baisse, vend au cours du jour des valeurs ou effets publics qui ne sont livrables que dans un certain délai; tandis qu'une autre personne, redoutant une hausse, achète ces effets pour le même prix, payable au jour de la livraison. — Si l'acheteur s'engage sans dédit à exécuter le marché, on dit qu'il est *ferme.* Si, au contraire, craignant de se tromper dans ses prévisions, il se réserve la faculté de renoncer au marché, en abandonnant une partie du prix d'achat qu'il paye au moment même de la formation du marché, on dit qu'il est *libre* ou à *prime.* Le marché à terme est de beaucoup le plus usité.

Il est une dernière opération, le *report,* qui consiste à acheter au comptant et à revendre au même moment, mais à

terme, une valeur, un effet public, ou réciproquement, afin de
bénéficier de la différence entre le cours au comptant et le
cours à terme, différence qui peut résulter de causes diverses : par exemple, de ce que les effets publics ont, en général,
d'autant plus de valeur qu'on est plus rapproché du jour où
l'intérêt en doit être payé. En sorte qu'ils se payent plus
chers à terme qu'au comptant ou inversement, suivant que
le moment fixé pour la livraison doit précéder ou suivre
l'époque à laquelle doit se toucher le prochain coupon
d'intérêt.

Toutes ces opérations, qui se font par l'intermédiaire
d'agents de change et qui ont, à part le marché au comptant, un but essentiellement spéculatif, ne sont point répréhensibles aux yeux du législateur, et créent des obligations
civiles, comme toute convention de vendre ou d'acheter,
chaque fois que les parties sont à même, par leur situation,
de faire honneur à leurs engagements.

Mais il en est tout autrement lorsque des marchés à terme sont conclus entre personnes qui, non-seulement ne pos-
sèdent ni les titres, ni l'argent, objets du marché, mais
encore n'ont ni le désir, ni même la possibilité de les avoir
jamais. De telles conventions impliquent une spéculation,
non sur les effets eux-mêmes, puisqu'aucun effet ne doit
entrer en circulation, mais uniquement sur l'écart qui pourra
exister entre le cours du jour de la convention et le cours du
jour fixé pour la livraison supposée.

Dès-lors, on se trouve en présence d'opérations qui, sous
l'apparence d'une affaire régulière, constituent en réalité un
pari sur la hausse et la baisse des effets publics. A ce titre,
elles sont destituées de toute action, en vertu de l'article
1965, et, pas plus que les jeux et les paris en général, elles

ne peuvent engendrer une obligation, soit civile, soit naturelle.

Tel est l'état actuel de la législation civile sur les jeux de Bourse.

Mais notre législateur ne s'est pas borné à défendre les paris sur la hausse et sur la baisse, et à refuser toute espèce de sanction à ces sortes de conventions. Il a encore fortifié cette prohibition par la disposition répressive édictée dans l'article 421 du code pénal, et précisé formellement, dans l'article 422 du même code, ce qu'il faut entendre par paris sur la hausse ou la baisse : « Sera réputé pari de ce genre, « toute convention de vendre ou de livrer des effets publics « qui ne seront pas prouvés par le vendeur avoir existé à sa « disposition au temps de la convention, ou avoir dû s'y « trouver au temps de la livraison. »

Par là se trouvent abrogés les arrêts du conseil, rendus successivement en 1724, 1785 et 1786, qui déclaraient *fictif*, et, par suite, *annulaient tout marché à terme, non accompagné du dépôt préalable des titres ou des pièces probantes de la propriété.*

Cette abrogation n'est pas expresse, il est vrai ; mais elle résulte implicitement de l'inconciliabilité des dispositions contenues dans ces arrêts, avec les termes formels de notre article 422.

A la suite d'un arrêt rendu par la chambre des requêtes, le 30 novembre 1842, la jurisprudence, qui avait tout d'abord varié sur ce point d'interprétation, s'est définitivement rangée à cette doctrine, qui est acceptée par la majorité des auteurs.

SECTION XII

DU PRÊT USURAIRE

A Rome, la loi des douze tables limita pour la première fois le taux de l'intérêt qui avait été libre jusque-là : « *Nam* « *primo, XII tabulis sanctum, ne quis unciario fœnore* « *ampliùs exerceret, cum anteà ex libidine locupletium* « *agitaretur* (1). »

Aboli plus tard par la loi Genuccia (2), en l'an 414 de Rome, le prêt à intérêt fut rétabli en 703, par un sénatus-consulte, qui en fixe le taux à 1 °/₀ par mois. C'est la *centesima usura*, dont parle fréquemment Cicéron et qu'il ne faut pas confondre avec l'*unciarium fœnus* de la loi décemvirale (3).

Enfin Justinien réduisit le taux de l'intérêt à 8 °/₀ pour les commerçants, 6 °/₀ pour les non-commerçants, et 4 °/₀ pour les personnes illustres.

En France, le prêt à intérêt, interdit par Charlemagne dans ses Capitulaires, resta prohibé en principe jusqu'à la révolution de 1789. Mais à côté de cette prohibition existait, dès le moyen-âge, le droit pour les Juifs de faire le commerce de l'argent, le droit pour les marchands, même chrétiens, de s'y livrer dans les foires, et enfin pour tous le droit de faire produire les capitaux par la création de rentes perpétuelles.

(1) Tacite, ann. VI, 16.
(2) Niébuhr, Hist. rom. VII, p. 42 ; — Tacite, ann. loc. cit.
(3) Niébuhr, hist. rom. V, p. 72 et 77.

Du reste, cette défense du prêt à intérêt avait fini par tomber en désuétude, et la Convention nationale, en fixant par le décret de 1789 le taux de l'intérêt à 5 %, ne fit que légitimer un état de choses déjà consacré par l'usage.

Le décret du 6 floréal, an III, qui déclarait *marchandise*, le numéraire or et argent, fut abrogé le 2 prairial de la même année, et le taux de l'intérêt resta fixé à 5 %, jusqu'au 5 thermidor, an IV. A cette date fut rendue une loi qui proclama la liberté des conventions (1).

Cette liberté du taux de l'intérêt fut maintenue, provisoirement au moins, par l'article 1907 du code civil (2).

Bientôt une loi restrictive, la loi du 3 septembre 1807, fixa le taux *maximum* de l'intérêt conventionnel à 5 % en matière civile, 6 % en matière commerciale, et conféra, comme sanction à cette limite, le droit, pour l'emprunteur, de répéter tout ce qu'il aurait payé au-delà de ce *maximum*, ou de l'imputer sur le capital encore dû.

La loi du 19 décembre 1850 reproduit les mêmes dispositions, sauf une légère modification, relative au pouvoir facultatif qu'avaient les tribunaux de condamner le prêteur, soit à l'imputation, soit à la restitution, bien que le capital n'eût point encore été remboursé, faculté qu'ils n'ont plus depuis cette loi.

On voit que, dans son dernier état, notre législation, sur

----

(1) La jurisprudence de la cour de cassation admit d'une façon constante que, sous le régime de cette loi, le taux de l'intérêt était illimité ; — arrêts du 20 février 1810, — 8 mars 1834 — et 13 novembre 1836.

(2) L'article 1907 est ainsi conçu : — « L'intérêt est légal ou conventionnel : l'intérêt légal est fixé par la loi à 5 % ; l'intérêt « conventionnel *peut excéder* celui de la loi, *toutes les fois que la* « *loi ne le prohibe pas.* Le taux de l'intérêt conventionnel doit être « fixé par écrit. »

cette matière, est la reproduction littérale de la loi 6, *princ.*, *de condictione indebiti*, que nous avons invoquée dans notre première partie, relative au droit romain, pour déclarer le prêt usuraire dépourvu de toute force obligatoire, même naturelle.

C'est donc la même solution que nous devons donner au droit français. Ainsi le veut la loi.

Si nous avions à examiner l'usure au point de vue législatif, nous dirions qu'à notre époque, il nous semble opportun de supprimer toute limite apportée au taux de l'intérêt, et de proclamer la liberté des conventions ; ées entre prêteurs et emprunteurs.

Telle est la loi qui régit actuellement la plupart des nations européennes. La Belgique, la Prusse, l'Angleterre, l'Italie, l'Espagne et plusieurs états de l'Allemagne ont admis, en effet, la liberté absolue du taux de l'intérêt ; et il ne paraît pas que ces nations aient eu à souffrir de ce régime nouveau (1).

La France, elle-même, a déjà fait des tentatives en ce sens. — En 1862, M. Rouher, alors ministre du commerce, présenta au chef de l'Etat un rapport, dont les conclusions tendaient à l'abrogation de la loi de 1807 ; et, peu après, sous l'inspiration de ces mêmes idées, une enquête fut ouverte au sein du conseil d'Etat.

Avant ces tentatives, dès 1857, sous l'influence de la crise financière, et pour empêcher l'écoulement de son numéraire,

(1) Voir : — Turgot, *Mémoire sur les prêts d'argent* ; — Joseph Lair, *des Lois sur l'Intérêt* ; — Charles Perrin, *de l'Usure.*
Voir aussi : — *Les Annales parlementaires de la Belgique*, avril et mai 1860, décembre 1864 ; — le discours de M. Forcade de la Roquette au Sénat, *Moniteur* du 30 mars 1802 ; — le discours de M. Carêsme, prononcé en 1865, devant la cours de Riom.

la banque de France sollicita et obtint du législateur l'autorisation d'élever au-dessus de 6 % le taux de ses escomptes
et l'intérêt de ses avances (1).

C'est là un premier pas vers la liberté absolue du taux de
l'intérêt, qui nous paraît d'autant plus décisif, que c'est ainsi
qu'a commencé, en Angleterre, la réforme des lois restric-
tives sur le prêt à intérêt.

Que faut-il dire de l'emprunteur qui a payé des intérêts
non usuraires, alors qu'ils n'avaient pas été stipulés ?

L'article 1906 prévoit le cas et décide que «l'emprunteur
« ne peut ni les répéter ni les imputer. » D'où l'on doit
conclure qu'il y a au moins obligation naturelle pour l'emprunteur de payer des intérêts non stipulés. Il faut même aller
plus loin et décider, en vertu du principe qu'une donation
ne se présume pas, que tout prêt consenti sans stipulation
d'intérêts est censé fait, à moins d'une clause formelle en
sens contraire, au taux légal de l'intérêt, et, par suite, oblige
civilement l'emprunteur au paiement de cet intérêt.

S'il est vrai qu'en droit romain il en était autrement (2),
c'est qu'à cette époque, dans l'esprit de la jurisprudence,
esprit qui s'est perpétué pendant le cours du moyen-âge, l'intérêt n'était pas une conséquence même du prêt, et dès-lors
celui qui prêtait sans intérêt n'était point réputé faire une
donation.

Tandis qu'à notre époque, où il est si facile avec le nouveau système financier de tirer profit de ses fonds, et où l'on
est accoutumé à considérer l'intérêt comme une sorte de

---

(1) Article 8 de la loi du 9 juin 1857.
(2) L. 18, Codice, *De usuris*, « *Indebitas usuras, etiam si anté*
« *sortem solutæ non fuerint, ac propterea minuere eam non potuerint,*
« *licet post sortem reditam creditori fuerint datæ, exclusa veteris*
« *juris varietate repeti posse perpensâ ratione firmatum est.* »

fruit de l'argent, il serait difficile de ne pas voir une libéralité dans un prêt fait sans intérêt.

Cette opinion, que l'emprunteur est obligé civilement de payer les intérêts alors même qu'ils n'ont pas été stipulés, n'est point contredite par l'article 1907, portant que l'intérêt conventionnel doit être déterminé par écrit. Cette disposition, qui avait sa raison d'être à une époque où le taux de l'intérêt était illimité, se trouve virtuellement abrogée par la loi du 3 septembre 1807, qui en détermine le chiffre. Toutes les fois que les parties n'ont pas contrevenu par leurs stipulations à l'intérêt légal, elles sont présumées s'en être référées à la loi elle-même.

SECTION XIII

DE LA CONTRE-LETTRE PORTANT MODIFICATION DU PRIX DE CESSION D'UN OFFICE

« Les contre-lettres ne peuvent avoir leur effet qu'entre les « parties contractantes ; elles n'ont point d'effet contre les « tiers (1) ».

C'est un usage assez fréquent de relater ostensiblement dans l'acte de vente un prix inférieur au prix réel, et de rétablir la vérité par une contre-lettre. Cette dissimulation, cet amoindrissement du prix est une fraude aux droits du Trésor; car plus le prix est élevé, plus fort est le droit à percevoir par le fisc.

(1) Art. 1321 du code civil.

Une double pénalité fut prononcée contre ce genre de fraude par l'article 4 de la loi du 22 frimaire an VII : — 1° une amende du triple de la somme due pour l'enregistrement ; — 2° la nullité de la contre-lettre même entre les parties.

De ces deux sanctions, la première seule subsiste, la seconde a été abrogée, ainsi qu'il résulte implicitement des termes de notre article, et formellement de la discussion qui s'engagea, sur cette question, au sein du Conseil d'État, entre les rédacteurs du code civil.

Il faut donc poser en principe que dans notre législation les conventions relatées dans une contre-lettre obligent les parties et les obligent civilement.

Mais spécialement dans notre espèce, le gouvernement s'étant réservé le droit de fixer l'estimation des offices et d'en assigner le prix de cession, il est naturel de penser que la contre-lettre dans laquelle le prix de cession d'un office serait plus élevé que dans l'acte soumis à l'adhésion du gouvernement, ne doit produire aucun effet entre les parties.

S'il en était autrement, si les contractants pouvaient, au moyen de conventions secrètes, extorquer une autorisation nécessaire à la commercialité de ces emplois publics, la formalité exigée pour la validité de telles cessions deviendrait illusoire.

C'est dans un but d'ordre public, c'est afin de sauvegarder l'intérêt de tous ceux qui sont en relation d'affaires avec ces fonctionnaires, que le législateur fait intervenir l'autorité gouvernementale. Et l'on sait que des dispositions de cette nature, sont inviolables au point de vue même du droit naturel.

C'est guidée par ces principes, que la jurisprudence accorde au cessionnaire le droit de répéter tout ce qu'il a

payé, en vertu d'un traité secret, au-delà du prix ostensiblement convenu.

Les tribunaux sont même allés jusqu'à décider qu'en res-
tituant le paiement supplémentaire indûment touché par lui,
le cédant, vu sa mauvaise foi, doit tenir compte au cessionnaire des intérêts à dater du jour où il a reçu l'excédant du
prix fixé dans l'acte de cession (art. 1378). C'est ainsi qu'il
a été jugé le 28 mai 1856 (1), par la Cour de cassation,
conformément à un arrêt de la Cour de Toulouse, qui lui
était déféré.

Dans leurs considérants, ces arrêts sont en parfait accord
avec les principes que nous avons émis. Ils tendent à repousser toute obligation civile ou naturelle. Mais, dans leurs
dispositifs, ils tendent à rejeter l'obligation morale elle-même,
qui, on le sait, éloigne toute idée de répétition.

Or, il nous semble bien difficile de prétendre que celui qui
a librement consenti un supplément de prix, bien que cette
convention soit secrète, ne se trouve pas tenu, en conscience,
d'acquitter cet engagement. Nous ne saurions admettre ce
cessionnaire à répéter ce qu'il a volontairement payé en
vertu d'un libre engagement.

Il faut le reconnaître, les règlements qui ordonnent la com-
munication à l'autorité gouvernementale des traités de cessions d'offices ont leurs sources, non point dans les lois morales essentiellement immuables, mais bien dans les lois
politiques sujettes à variations.

Suivant ces données, nous refusons au nouveau titulaire le

---

(1) Sirey, année 1856, 1re partie, p. 587.

droit de répéter. Dénier à ces traités occultes l'efficacité de l'obligation, soit civile, soit naturelle, c'est, à nos yeux, suffisamment sanctionner la violation d'une loi fiscale. Refuser de maintenir l'accomplissement d'un devoir imposé par la conscience, c'est ce à quoi nous ne saurions souscrire.

POSITIONS

Droit romain

1° Le pacte nu engendre une obligation naturelle.

2° L'esclave qui contracte, soit avec un tiers, soit avec son maître, s'oblige naturellement.

3° Celui qui subit une *capitis deminutio minima*, de débiteur civil qu'il était, devient débiteur naturel.

Droit français

1° L'obligation naturelle diffère de l'obligation morale.

2° L'obligation naturelle se reconnaît à son mode de formation.

3° Toute obligation naturelle est susceptible de produire chacun des effets de l'obligation civile, moins l'action et la compensation.

4° L'obligation naturelle résulte de l'incapacité personnelle de celui qui s'oblige par son propre fait.

5° Les modes d'extinction de l'obligation civile sont applicables à l'obligation naturelle.

Droit commercial

1° Le mineur, légalement commerçant, qui fait un acte en dehors de son commerce, contracte une obligation naturelle.

2° Le mineur qui tient une boulangerie fait un acte de commerce en achetant du bois pour faire cuire le pain qu'il doit vendre. Il peut donc être actionné en paiement de ce bois acheté dans de telles conditions.

Droit administratif

1° Les héritiers de celui qui a fait, au profit d'une communauté religieuse non-légalement reconnue, un legs à titre particulier, ne sont obligés, ni civilement, ni naturellement, d'opérer la délivrance de ce legs.

2° Il en est de même bien que le legs soit fait sous la condition expresse que cette communauté obtiendra, postérieurement, l'autorisation nécessaire à son existence juridique.

Vu : Le Président de la Thèse,   *Vu : Le Doyen,*

LAMACHE.   F. PÉRIER.

Vu :

Pour le Recteur en tournée, l'Inspecteur d'Académie délégué,

L. DUPONNOIS.

ERRATA

Page 10, note (1), — au lieu de : *fidijussoribus*, lisez : *fidejussoribus*.
— 11, ligne 21, — au lieu de : *munis*, lisez : *munies*.
— 11, — 22, — au lieu de : *dépourvus*, lisez : *dépourvues*.
— 11, notes (3) et (4), — au lieu de : *fidij.*, lisez : *fidej*.
— 54, note (1), — au lieu de : *fidijussoribus*, lisez : *fidejussoribus*.
— 60, note (3), — au lieu de : *poetis*, lisez : *pactis*.
— 61, ligne 27, — au lieu de : *le parti*, lisez : *la partie*.
— 64, ligne 20, — au lieu de : *si omnino debebatur*, lisez : *si omnino non debebatur*.
— 91, ligne 17, — au lieu de : *deteriorum*, lisez : *deteriorem*.
— 93, — 25, — au lieu de : *inintegrum*, lisez : *in integrum*.
— 138, — 8, — au lieu de : *Chapitre II*, lisez : *Chapitre III*.
— 152, — 10, — au lieu de : *peuvent*, lisez : *peut*.

TABLE DES MATIÈRES

PREMIÈRE PARTIE

DROIT ROMAIN

DEUXIÈME PARTIE

DROIT FRANÇAIS

Lyon, impr. de P. Mougin-Rusand, rue Stella, 3. — 9-1877.

.

www.ingramcontent.com/pod-product-compliance
Lightning Source LLC
Chambersburg PA
CBHW070531200326
41519CB00013B/3015